Photo : Bien Hoa, Mui Ne, Vietnam
Textes et illustrations © J. Pierson 2012
Réédition revue et corrigée © 2020
ISBN Livre papier : 979-10-94954-01-0
ISBN Livre numérique : 978-2-9544689-1-4
Les Editions de la Nation Neandertal
http://ednane.canalblog.com/
led.nneandertal@gmail.com

LE HUITIEME VIDE

(2) Récit écrit entre Mars 2011 et Juin 2012

*« - Il y a quelquefois des choses qu'on a devant son
nez, à portée d'oreille et qu'on ne voit pas !
- Parce qu'on a la tête ailleurs ! »*

Mathusalem et Jéroboam, hommes des tavernes
(Gironde, 61 av JC)

PROLOGUE

Il fait chaud et humide. On s'enfile les trous les uns après les autres, ça secoue fort. Certains arrivent pourtant à s'endormir. Mais pas lui. Démis regarde le paysage défiler. Les palmiers et les manguiers alternent avec les cultures de fruits du dragon et les rizières. Ici un buffle tire le soc, d'un pas lourd et sûr, là, un homme pousse son stock sur la charrette, là-bas, des femmes font sécher les galettes qu'elles vendront ensuite au marché du coin de la rue où d'autres encore confectionnent des spécialités locales. C'est un autre monde qu'il observe à travers la vitre du car qui soulève la poussière de la route. La vitre, elle, ne se soulève pas. Elle ne s'abaisse pas non plus. Elle n'est ni rebelle ni soumise, elle est neutre. De fait, on ne peut pas l'ouvrir.

I

– Il faut la fermer, chuchote Trinh
– Quoi ? demande Camille sur le même ton.
– La volet
– On dit *le* volet
– Il faut quand même fermer, c'est mieux pour Minh.

Camille descend avec précaution le volet roulant pour ne pas troubler le sommeil du bébé. Puis le couple sort de la chambre.

– Tu pense l'oiseau ne crie pas réveiller Minh ? demande Trinh en reprenant une voix normale.

– Non. Depuis quelques jours qu'il est là, il est calme… Et puis, il vaut mieux qu'il soit près du bébé même s'il le réveille…

– Tu penses encore à ça ?

– Je sais que c'est une vieille histoire, mais j'y crois…

– Oh ! J'entends musique de Quynh Anh…

– Oui, j'ai mis « Bonjour Vietnam », en sonnerie sur mon portable, explique Camille en répondant à l'appel. Allo ? … C'est Marie... Salut !… Oui… Attends, je demande à Trinh… Trinh, Marie et Axel voudraient aller chercher des myrtilles cet après-midi, ça te dit d'y aller ?

— Oh oui !

— C'est d'accord…, à quelle heure ?... Oui, ça va, le petit aura fini sa sieste... Ok ! Alors, à 13 h 30 chez Ange.

Bip. Fin de conversation.

— On a rendez-vous au café, chez Ange, car ils emmènent Mylène.

— Tu as dit après Minh fini dormir ? s'assure Trinh qui s'était éloignée un instant.

— Oui.

— Alors ça va.

Ça fait pas mal de noms qui vous sont servis et, si vous n'avez pas lu « Camille et la perruche rouge », cela ne vous dit certainement rien. Eh bien, sachez que Camille Ionnett, qui a des origines vietnamiennes, a épousé Lê Vi Trinh, une Saigonaise rencontrée en France, il y a deux ans, alors qu'elle rendait visite à sa famille, les Lê, des amis de celui-ci. Marie est la sœur jumelle de Camille bien qu'ils ne soient pas nés le même jour. Cette dernière fréquente depuis deux ans Axel Eyre, et sa meilleure amie, Mylène Micoton, est la compagne d'Ange Lure qui tient un café, le lieu de leur rendez-vous.

Cela dit, ne vous attendez pas à un topo régulier sur les personnages ou certains évènements en rapport avec cet autre récit ; à vous de lire l'ouvrage en question si vous souhaitez en savoir plus.

Pour ma part, je commence à avoir un petit creux tandis que Camille et Trinh viennent, eux, de prendre leur déjeuner, et le bébé, son biberon. Le temps passe à une de ces allures ! Les voilà maintenant en train de rouler en voiture et, enfin, d'arriver au café ; où ils entrent.

Je vous laisse en leur compagnie, le temps d'aller chercher un petit quelque chose à grignoter…

— Salut Mylène !

- Salut Camille !
- Salut Marie !
- Salut Trinh !
- Salut Axel !
- Comment va le bébé ? Oh il dort ! Chut !
- Salut Ange !
- Salut Paul !
- Salut Armand !
- Salut …

Chtop ! Chtop ! Stop ! ça chuffit les salutachions ! Incroyable ! Je les laiche seuls deux minutes, le temps de me suchtenter, et hop, cha devient le souk ! Et qui m'a mis ces shichas là ?... Oups ! Je m'étais pourtant promis de ne plus intervenir dans l'histoire….

- C'est quoi ces deux trucs, là-bas ? demande Camille aussi intrigué que moi-même.

- Des shichas. Ça vient d'Egypte. La blanche, c'est Aviva qui l'a achetée là-bas, la semaine dernière, en souvenir de son voyage et la noire, elle, ça date… Ange l'a rapportée quand il y était, il y a une dizaine d'années, je crois… Mais je lui ai dit de les enlever, ça ne cadre pas avec la déco « salle de classe » du café ; et puis c'est pas vraiment un bon exemple pour soutenir la lutte contre le tabagisme… D'ailleurs, tiens ! Le voilà qui les ôte…

En effet, Ange se dirige vers les objets et les emporte dans l'arrière salle. Il réapparaît ensuite pour rejoindre la tablée qui nous occupe.

- Alors, qu'est-ce que vous buvez ? C'est ma tournée…. Trinh ?
- Jus fruit.
- Mangue, n'est-ce pas !
- Oui. Tu sais déjà !
- J'ai l'habitude… Marie ?
- Comme Trinh.
- Camille ?
- Un café.

— Pour moi aussi, enchaîne Axel.

— Tu me fais un bébé, chéri ? demande Mylène.

— Là, tout de suite ?

— Oh oui.

— Un rose ?

— Bien sûr.

Ange repart avec la commande. Trinh se rapproche de Camille et lui demande à mi-voix :

— Pourquoi elle demande Ange faire un bébé ?

— Parce qu'elle en a envie !

— Mais devant les autres personnes !

— Bah, on se connaît bien…

— Mais quand même…

— Arrête de la charrier, intervient Marie qui a laissé traîner une oreille. Il plaisante, Trinh ; un bébé rose c'est une boisson : du lait avec du sirop de grenadine.

Comprenant la taquinerie de son mari, Trinh lui donne un petit coup de poing vengeur sur l'épaule et fait la moue. Pas la guerre.

— Au fait, vous connaissez un bon coin où trouver des myrtilles ? demande Mylène.

— En général, je vais au…

— Tais-toi Camille, l'interrompt Marie, les mûres ont des oreilles !

— Et les fraises, des bois ! continue Axel.

— ….

— Eh oui ! insiste Marie.

— Bah, les gens actuellement n'ont plus envie de s'embêter à cueillir les myrtilles, surtout depuis que le peigne est interdit…

— Pourquoi ? Ça décoiffe ? demande Mylène.

— Ben, elles poussent en altitude et il y a toujours du vent en montagne…

— Je vous ai mis des pailles, les filles, coupe Ange en apportant les boissons.

– De toutes façons, les gens préfèrent acheter la confiture et la tarte toutes faites, c'est moins de boulot, reprend Camille.

– Détrompe-toi, dit Ange, avec le pouvoir d'achat actuel, les gens redécouvrent les avantages du « fait soi-même » !

– Bon, ben alors je ne dirai rien ! Qui m'aime – ou plutôt qui aime les myrtilles – me suive ! conclut Camille.

La conversation s'interrompt un instant. Camille remue son petit noir en faisant entendre le tintement caractéristique de la cuillère contre la tasse, effet sonore presque systématiquement utilisé dans les publicités pour évoquer l'ambiance café, vous avez remarqué ? Les filles sucent en silence. Elles ont des pailles, ne l'oublions pas. Axel semble absorbé par la lecture de sa table.

– Tu t'intéresse aux hiéroglyphes lycéens ? demande Marie.

– En fait, il y a là un petit texte, une sorte d'énigme assez intéressante : *«Voyageur, c'est le huitième vide qui s'ouvrira à son tour au premier quart du huitième mois de la bonne année pour t'emmener jusqu'où l'on a vu disparaître le soleil en octobre 1995. Là-bas tu seras mon hôte »*

– C'est tout ?

– Y a juste une date bizarre : 1 octobre 1998-2022

– Oh, ils écrivent toutes sortes de trucs, les étudiants.

– Ça c'est pas un étudiant qui l'a écrit, ça date d'il y a un peu plus d'un mois ; un type était assis à cette table, quand il est parti, j'ai passé un coup d'éponge et j'ai vu qu'il avait griffonné ça…. témoigne Aviva qui vient d'arriver.

– Et pas d'indice ? demande Camille.

– Non, je ne vois pas…

– C'est le Tigre.

– Qu'est-ce qu tu dis, Trinh ?

– Je dis, les années 1998 et 2022 c'est années du Tigre.

– Ah bon ? Oui, mais ça ne m'avance pas, répond Axel… Bah, j'irai voir Jean, la semaine prochaine, il est toujours de bon conseil.

– Je crois qu'il sera à Split, vas-y plutôt le week-end.

– Le week-end prochain, je participe à une promenade de découverte de la spéléo avec un pote… ça te dirait, Camille ?

– Oh, non merci ! La dernière fois que j'ai marché dans une grotte, bonjour les odeurs !

– Peut être des émanations soufrées…

– J'ai un peu souffert, c'est vrai, conclut Camille en plaisantant.

– Bon, les garçons, c'est pas tout, il faudrait y aller si on ne veut pas faire une cueillette de nuit ! intervient Marie.

– Ben, nous, on a fini notre café ; on n'attend plus que vous !

II

« Deuche lente, Hubert, Alex»
(Extrait de « L'Allemand facile dans le mur »,
Méthode Assibal, édition 1969)

– Jonathan Pluctois.

– Ah, c'est vous ! Je ne vous attendais plus ! Je ne peux plus vous recevoir…

– Si je m'attendais à ça !

– Mais attendez ! On avait rendez-vous à 15 heures, il est 16 heures !

– Je sais, mais je veux juste visiter, vite fait…

– Non, c'est trop tard, les visites sont closes…

– Mais…

– Bonjour monsieur, salut Jean.

– Ah, Axel ! Salut… Entre ; je suis à toi dans une minute… Vous voyez, j'ai de la visite.

– Justement, je viens aussi pour la visite !

– C'est pas pareil, c'est privé ; vous, vous repasserez.

– Repasser quoi ?

– Vous-même !

– Ah, vous voyez que vous m'avez froissé !

– Oh, je sens que je vais m'énerver, ça va pas faire un pli… Bon, allez, j'ai d'autres chats à fouetter.

– Ça ne se passera pas comme ça, ah non !

– Quoi ?

– Je ne vous laisserai pas maltraiter des chats.

– Mais vous cherchez la petite bête, nom d'un chien ! C'est une image, voyons ! Bon, écoutez : vous rappelez dans une semaine ; si je n'ai rien de concret pour l'appartement, on conviendra d'un autre rendez-vous. Au revoir !

Jean referme la porte sur l'individu et rejoint Axel.

– Alors, Axel, comment tu vas ? Qu'est-ce qui t'amène ? Et Marie, qu'est-ce qu'elle devient ? Tu veux un café ? Ou plutôt une bière ?

– Ça va, merci. Une énigme. Elle va faire une formation en allemand. Non merci. Oui, plutôt.

– Une énigme ? Quel genre ? Et pourquoi l'allemand ?

– Oui, du genre trouvé sur une table chez Ange. Elle peut avoir un job en Allemagne.

– En Allemagne, tiens ! Et son frère, Camille, il m'avait dit qu'il allait finalement rechercher du travail, il a trouvé ?

– Oui, par le biais d'un pote, Arthur Dreissig qui a une boite de pub Outre-Rhin. Camille, lui, effectivement, il a trouvé et commence la semaine prochaine comme graphiste dans une imprimerie.

– Il a raison, c'est mieux comme ça, parce qu'avec sa rente à vie de 2000 euros, qui sait ce que ça vaudra dans 20 ou 50 ans…Et ton énigme, tu m'en parles quand ?

– Dès qu'on pourra avoir un dialogue normal…

– Alors, vas-y.

Axel tend à Jean un feuillet sur lequel il a relevé le texte. Ce dernier en prend connaissance puis reste un instant songeur.

– C'est l'original, demande-t-il ?

– Non, le texte se trouve sur une table du café chez Ange et il n'a pas voulu que je l'emporte.

– Ah ? Bon… Mais c'est une copie fidèle au moins ?

– Oui. Je n'ai pas été trompé, c'est moi qui me la suis faite.

Jean réfléchit une seconde, puis :

– Malheureusement, Axel, je ne peux pas t'avancer beaucoup sur le sujet, même l'indice, je ne trouve pas sa signification.

– Forcément, après une seconde de réflexion…

– Mais c'est une façon de parler du narrateur, voyons ! Et n'oublie pas que je suis resté un instant songeur !

– Oui je sais. De toutes façon, au moins tu a trouvé un indice, moi, je ne l'ai même pas vu !

– Pourtant c'est clairement dit !

– Où ça ?

– Ben, là ! explique Jean en indiquant de l'index le dit indice.

– La date ? Le premier octobre 1998 – 2022 ?

– Je pense qu'il ne faut pas lire « premier octobre », mais « 1-10 », « indice », quoi ! L'auteur n'a pas voulu dater sa prose !

– Ah, ouais ! Un jeu de mot ! s'épate Axel en conservant un court moment l'arrondi de la bouche.

– Forcément, le principe d'une énigme c'est de jouer sur les mots !…. Mais toi, pour ces 2 années, t'as pas une idée ?

– Ben non, Jean…. Sauf peut-être…

– Quoi ?

– Trinh a dit que c'était l'année du Tigre.

– Comment ça ?

– Dans l'horoscope chinois.

– Ah ouiii ! s'exclame Jean en conservant un court moment l'étirement de la bouche avant d'enchaîner : alors, ça c'est pas bête ; comme le signe revient tous les 12 ans et que les deux années mentionnées sont du même signe, on peut penser que l'auteur veut indiquer une année tigresse… Entre 1998 et 2022, ça serait donc 2010 ! Dans deux ans.

– Donc, si je te suis bien : celui qui trouve ce qu'est le huitième vide sera accueilli par l'auteur de l'énigme en août 2010 !

– Ben ouais… Le huitième mois, c'est août, mais en ce qui concerne le huitième vide, je n'ai pas d'idée pour l'instant….

– Pas grave, on a deux ans pour trouver…

– Fais gaffe, ça passe vite !

Marquons ici un cédez-le-passage dans le dialogue pour permettre aux deux gars de laisser passer une gorgée de bière car il fait chaud. Vous ne vous en rendez peut-être pas compte car vous n'êtes avec eux que de façon virtuelle, mais vous pouvez me faire confiance.

Reprenons.

– Et cette année, Axel, tu pars où en voyage ?

– Cette année, nulle part. Je fais une pause. Avec Marie on songe à partir l'an prochain au Vietnam…

– Vous aussi ? Décidément, c'est contagieux !

– C'est sûr ! Quand on entend les récits des autres, ça donne envie… Et avec les tarifs préférentiels que je peux avoir, on peut s'en sortir, mais les voyages, ça coûte quand même du fric…

– À propos, elle est décédée.

– Qui ?

– Madame Frick.

– Adèle ?

– Oui, mon ancienne voisine.

– Ah, c'est vrai qu'elle a déménagé l'an dernier à… Montbéliard, je crois, non ?

– À Morteau ! C'est là qu'elle est morte Adèle, dans l'autre pays des saucisses.

– Elle avait l'air lentille…

– Gentille, ouais. Elle aimait bien aller nourrir les pigeons du parc avec sa copine, une ancienne voisine de Marie, elle aussi décédée depuis 2 ans. Les deux râlaient d'ailleurs souvent avec les jeunes amoureux qui « se donnaient en spectacle ». Elles aimaient voir les tourterelles becqueter, mais ne supportaient pas de voir les tourtereaux se bécoter.

Quinze secondes de silence.

Pas quarante-cinq de plus.

Pourquoi ?

Parce qu'il ne s'agit pas ici d'une minute de recueillement à la mémoire de Frick Adèle mise en bière – ce qui intéresserait peut-être un Badois las de l'eau – mais de cet instant d'absence qui suit l'annonce d'un décès où l'esprit vagabonde de souvenirs en souvenirs pas forcément en rapport avec la connaissance dont on vient d'apprendre la perte. Et lorsqu'on perd connaissance, l'esprit a des absences, c'est bien connu.

Tout cela pour nous amener jusqu'à la reprise du dialogue :

– Et ce séjour en Croatie ?

– Oh, juste deux jours au bord de l'Adriatique pour une réunion avec le Conseil.

– Ah ? Ce genre de réunions, dans une région balnéaire… Je vois déjà, sourit Axel.

– Oh ! Ben, c'est vrai que c'était pas stressant, mais on a aussi parlé sérieusement et, entre autres choses, de nouveaux noms de personnages, que je qualifierais de « dyslexiques ».

– Les personnages ?

– Non, leurs noms. Du coup, on a créé une section « Dyslexis » dans le Répertoire...

– Ça donne quoi, par exemple ?

– Noyeux Joël, Erwan Force et Adrienne Kepouva sont les premiers patronymes que j'ai enregistrés.

– Effectivement, ça me semble intéressant... Sinon, Split, ça t'a plu ? Je te demande ça car mon patron envisage un circuit le long des côtes adriatiques...

– Comme dit, je n'y ai passé que 48 heures : le temps de la réunion, puis un peu de calme avant la trempette, brève mais agréable... L'hôtel est chouette, je te le conseille ; bon accueil, vue sur la mer, avec un bananier dans le patio, te donnant une impression d'exotisme...

– Y a des bananes à Split ?

– Pourquoi pas ? Comme on peut trouver du bar à Puth ou des falafels à Sion...

– Après tout, c'est vrai que, de nos jours, presque tout est possible... Et toi, tu pars en voyage cette année ? demande Axel.

– Juste un court voyage spirituel annuel.

– Aha ? Un pèlerinage à Lourdes ?

– Non, un festival d'humour. Je dois y rencontrer Sénèque + Ultra avec qui je travaille pour l'écriture de sketches, tu sais…

– Oui, je connais. Ça marche pour eux ?

– On ne les voit pas souvent à la télé, mais ils ont un public grandissant qui les suit dans leurs représentations. Ils ont même un spectateur fétiche, un fan qui leur porte bonheur !

– Sérieux ?

– Ouais, il s'appelle Cécil-Henry Ksedrol et à chaque fois qu'il est dans la salle, ça se passe super bien.

– Tu connais même son nom ?

– Oui, car, quand il assiste à un spectacle, il passe ensuite saluer les humoristes dans leur loge et, un soir où j'étais en leur compagnie, ils me l'ont présenté.

– Je ne connais pas grand-chose de leur répertoire, mais il y a un sketch qui passe en ce moment sur Cerumen – « Les Trois Suisses », je crois – que j'aime beaucoup.

– Ça s'appelle « Histoire Suisse », c'est un de ceux que je leur ai écrits.

– Ah, c'est de toi ? Sincèrement, c'est bien…

– Merci.

– Mais tu écrivais des chansons, non ? Pour Salima…

– Samira, rectifie Jean.

– Ah, oui, Samira… On ne l'entend plus en ce moment, qu'est-ce qu'elle devient ?

– Elle a arrêté la chanson. Elle est partie avec un Andalou rencontré chez Anadolu (le kebab), vivre dans le Donautal

– Et le « t » en trop ?

– Je vais le boire. Mais ça fait le trio.

– Quel trio ?

– Allemagne-Espagne-Turquie.

– Et qu'est-ce que ça a de particulier ?

– Les Turcs viennent travailler en Allemagne et les Allemands vont en vacances en Espagne.

– Tu veux dire que les Turcs travaillent et que les Allemands se dorent la pilule ?

– Non, les Allemands travaillent aussi, pas seulement les Turcs, sinon l'Allemagne ne serait pas la première puissance économique de l'UE, ce serait la Turquie.

– Elle n'est pas dans l'UE.

– Mais elle y serait dans ce cas.

– Bon, trêve de sériosité…

– Ça existe, ce mot ?

– Bof, est-ce important ? Il faut avoir la bravitude de tenter le néologisme.

– De là à dire n'importe quoi…

– C'est vrai ; on risque de ressembler à des politiciens…

– Bon, je te sers encore une bière ? propose Jean en pointant la canette vide d'Axel.

– Non merci… Quelle heure il est ? demande ce dernier tout en prenant son téléphone pour s'informer. Oh ! Je ne vais pas tarder, dit-il, je dois chercher Marie ; on va visiter un apart' à louer car on a envie de vivre ensemble et les nôtres sont trop petits… Et toi ? Tu vends, c'est décidé, si j'ai bien compris en arrivant ?

– Ouais. Avec la crise qui s'annonce, je préfère me dépêcher. J'achèterai ensuite dans du neuf, les conditions devraient devenir un peu plus intéressantes ; j'ai déjà dealé avec la banque, ça devrait le faire… Heureusement que Camille a déjà eu son prêt, car ils vont être de plus en plus difficile à obtenir, explique Jean en raccompagnant Axel.

Après avoir refermé la porte derrière ce dernier, il se dirige vers le séjour pour allumer la radio sur Cerumen FM où devrait commencer une nouvelle émission.

Nous voici à un stade interactif que connaissent les lecteurs avertis : vous pouvez soit continuer votre lecture au prochain chapitre, soit le sauter pour reprendre le cours de l'histoire au suivant et ce, sans y perdre en compréhension… Vous suivez ?

III

« La musique qui vous passe par la tête
et vous sort par les pieds »
(Jingle Cerumen FM)

Aude Van Delle : – Dernière question : on dit de vous que vous êtes les fils spirituels de Devos et Chevallier / Laspalès, qu'en pensez-vous ?
Sénèque : – C'est excessif !
Ultra – Comment peut-on être les enfants de 3 personnes, Il y en a forcément 2 qui ont le dessus !
S – Et, pour nous, Devos est un maître…
U – Chevallier et Laspalès, sont plus qu'un double déci-maître…
S – Alors que nous, nous l'avons a peine centi-maître.
AVD – Sénèque + Ultra étaient avec nous… À plus !
Maude Lafin : – Demain, nous retrouverons Aude Van Delle avec un nouvel invité. En attendant et sans plus attendre, notre émission « Squizz Me » présentée par Anselme Abel.

Jingle –
Cerumen FM, la radio qui t'ouvre les yeux

Anselme Abel : – Bonjour à tous, voici « Squizz me » votre demi-heure quotidienne de culture générale…. 1 an déjà, hein, Aude… avec des candidats triés au sort et des questions diverses et variées de la plus difficile à la plus con… *Applaudissements.* Aujourd'hui, 2 candidates : Hymane, bonjour Hymane…

Hymane – Bonjour Anselme

AM – et Fanny… Bonjour Fanny !

Fanny – Bonjour Anselme.

AM – Hymane, quelques mots sur vous.

H – Oui, j'ai 29 ans j'habite Mulhouse, et je travaille dans une GSB en Allemagne.

AM – Mulhouse, la ville des musées ! Et qu'avez-vous à nous dire sur votre ville ?

H – Rien. Comme dit ma sœur : « Mulhouse, c'est une sorte de grand café avec terrasse et des musées autour ». Ah, si : il y a un superbe jardin zoologique et botanique qu'on ne se lasse pas de visiter.

AM – Et vous, Fanny ?

F – J'ai 34 ans, j'habite Humes et je travaille dans un cabinet d'expertise comptable.

AM – Hum ? C'est une hésitation ?

F – Non, une petite commune près de Langres, mouillée par la Mouche.

AM – Les mouches sont humides par chez vous ?

F – Mais, non ! La Mouche est un petit cours d'eau qui serpente à travers le village… Un peu de culture, voyons !

AM – Hahaha, je plaisantais, bien sûr ! Bon, allez, tout de suite 1° question : qui a écrit « Le blé en herbe » ?

H – Bob Marley !

F – Bob Dylan !

AM – Hé non, pas de bol y a pas de Bob dans la réponse. Il s'agit de Colette, bien sûr !

H – Je ne savais pas que ma voisine était si connue !

AM – Votre voisine ?

H – Oui, Colette D'Agnault, elle m'a dit qu'elle écrivait un recueil de recettes de cuisine…

AM – Meuh non ! Il ne s'agit pas de votre voisine, mais de la romancière Colette qui a publié ça en 1923 !

H – Ah, je me disais aussi…

AM – Vous avez toutes les deux 0 point. Passons à la 2° question : qui a dit : « Tenez et buvez en tous, ceci est mon sang…etc… »

H – Un moustique ?

F – Un insecte ?

AM – Attention : un moustique ne donne pas son sang, il le prend aux autres… Mais vous approchez… C'est un peu comme le chef d'une secte…

H-F – J'vois pas…

AM – Jésus, voyons ! Connaissez pas ?... Bon, pas grave ; question 3 : qui a marché sur l'eau ?

F – Jésus !

AM – Non, pas deux fois le même ; en plus, là, il s'agit de faits avérés…

H – Rémy Bricka !

AM – Exact, comme quoi, tout est possible ! On voit là l'Alsacienne car, effectivement, Rémy est strasbourgeois.

Alors, on en est où ? Hymane : 1 point, Fanny : zéro. Bon, ce n'est que le début ; il reste 7 questions. Et voici la quatrième : quand parle-t-on de « label rouge » ?

F – En 2 mots ou 3 ? Car, si c'est en 3, la belle rouge, c'est pas du poulet ; ça peut être un feu d'artifice…

AM – En 2.

F – Un label pour le poulet ?

H – Pour le bœuf ?

AM – Avec ou sans carottes, ça n'a rien avoir avec la police, mais il s'agit de viande et on peut dire que vous avez donné la bonne réponse ! Hymane 2, Fanny 1 !

Question 5 : quel est le genre du mot « Parka » ?

F – Masculin.

H – Féminin.

AM – Exact ! 1 point de plus pour chacune. C'était cadeau ! Hymane 3, Fanny 2… Qu'est… Ah, attendez… Oui, d'abord une pub !

Applaudissements

Jingle musical –

Pub –
Claudie Kant est V.I.E., volontaire internationale en entreprise. Grâce à la Méthode Assibal, elle a pu apprendre l'allemand et obtenir un stage dans le Pays de Bade. Aujourd'hui, dans le cadre du développement à l'international de mon entreprise de fabrication de saucisses bios, je l'ai recrutée pour ses compétences techniques et sa connaissance de la langue allemande.
« - Hartoungue, dou mousse ofpassène, dou kannste dasse capoute maarne ! Attention, du dois faire attention, tu risques de casser ça ! »!
Méthode Assibal, toutes les langues pour votre avenir pro.

Jingle musical –

AM – Nous revoilà dans Squizz Me avec Hymane et Fanny pour la sixième question déjà ! Fanny, 1 point à rattraper ! Question 6, donc : qui était Jethro Tull ?
F – Un groupe de rock progressif des années 60.
H – Un agronome anglais du XVII° – XVIII° siècle.
AM – Boooonne réponse pour Fanny ! Bravo, le point est rattrapé ! Egalité, 3 partout ! Et voici la question 7 : que veut dire « Alea jacta est » ?
F – Le sort en est jeté.
H – Se rendre dans les quartiers est de Jacta !

AM – Bravo Fanny ! Eh oui, c'est une citation de César ; Fanny à raison ! Il ne manque que Marius ! Je ne connais pas de ville du nom de « Jacta », en revanche, Hymane. Désolé, Hymane ! 4 à 3 pour Fanny. Voici la huitième question : quel est le chiffre porte-bonheur des Chinois ? Facile… Je ne vais pas vous dire que la réponse est dans la question…

F + H – : 8

AM – Oui ! Fantastique ! Toutes les deux ont bien répondu ! Ce qui fait : 5 à 4 ; toujours 1 point d'avance pour Fanny… Voici la question 9… la tension monte… : donnez le titre d'une chanson qui évoque un rendez-vous de Napoléon.

F – Ah, Ben…Je ne vois pas…

H – Waterloo !

AM – Tout à fait ! Napoléon a eu plusieurs rendez-vous, mais c'est à Waterloo qu'il s'est rendu définitivement. Egalité 5 à 5… Attention, pour vous départager peut-être, la question 10, mais d'abord une petite page d'autopromo, pour le suspense !

Applaudissements

Jingle musical –

Annonce –
Demain, dans « Music Heroes », retrouvez la battle et votez sur les réseaux sociaux pour choisir la chanson que vous voudrez entendre : Scatman vs Supertramp, le type en costard sombre contre l'american breakfast !
A vous de choisir, c'est demain, dans « Music Heroes », de 20 h à 20 h 30.

Jingle –
Il n'y a pas que les clés d'ut qui ouvrent les portes de la musique. Restez sur Cerumen FM !

AM – Nous revoilà pour la dernière question, la numéro 10 ! Voici : Que sont M.O.M.N.U.L.I.N.O. ? Attention, je précise que la première qui donne la réponse exacte aura gagné.

H – Une anagramme.

F – Les lettres de Mon Moulin.

AM – Braaaavo ! Réponse exacte de Fanny, même si on peut dire qu'Hymane vous a mise sur la voie ! Fanny a donc gagné la possibilité de jouer en finale vendredi ! …. Oui…. Un auditeur ?... Ah bon ?... Dans ce cas… Alors, on me signale qu'un auditeur a appelé pour dire qu'à la question 6, sur Jethro Tull, Hymane avait également donné la bonne réponse puisqu'en fait le groupe musical a repris le nom de cet inventeur du semoir ; information qui a été vérifiée… Avec mes excuses Hymane… En conséquence de quoi, vous êtes toutes deux exceptionnellement admises en finale ! Bravo ! On vous applaudit bien fort !

Applaudissements bien forts

Jingle musical –

AM – Et maintenant, la dernière minute en compagnie de notre Maître Kub maison ; c'est lui qui élabore les questions de notre jeu et qui sévit également le dimanche matin dans « Bruno Cuit Bruno Cru » ; il nous rejoint donc pour son « Dico du Kub ». Bonjour Pierre !

PK – Bonjour à tous !

AM – Alors, un nom commun d'un auditeur sélectionné sur votre blog ?

PK – Il s'agit d'une demande : quelle est la différence entre garniture et garnison…

AM – Allons-y !

PK – Deux mots de la famille de « Garnir » : orner, compléter, remplir de ce qui est nécessaire. Pour bien expliquer la différence, je propose de donner deux exemples : la garniture ce sont les légumes autour de la viande, la garnison, ce sont les légionnaires autour d'un boudin.
AM – Voilà qui est extrêmement clair ! Merci Maître, et à demain !
PK – À demain !

ZAP

IV

On ne prête plus aux gens, ni aux entrepreneurs ni aux banques en cette période trouble où les capitaux changent de mains aux frais de ceux qui n'ont que les mains, où l'ingrat dégraisse et la grande gueule s'affaisse. Rien ne prête moins à rire que le pire et à sourire que le soupir. On ne prête plus aux riches et l'on ne donne plus aux pauvres.

Laissons là ces sombres moments, maintenant que nous voyons le bout du tunnel qui chaque jour s'éloigne à mesure que l'on s'en approche (à l'instar du jour de départ à la retraite) ; considérons les choses simples et guillerettes de la vie comme cet essaim animé d'abeilles partant avec leur reine pratiquer la politique de l'aut' ruche ; ici, des papillons qui se délectent d'un buddleia ; là, une pervenche qui se délecte de papillons au grand dam des automobilistes mal garés ou égarés. Voici Hélène Iké, la sœur d'Hymane, qui choisit une nouvelle voiture en fonction des rétroviseurs et des miroirs de courtoisie (car elle fait la part belle, Hélène, à la glace) à la grande satisfaction du vendeur qui y voit une affaire à poire entière ; voilà le boulanger façonnant le pain des autres pour gagner le sien, car, tant que tourne son pétrin, lui n'est pas dedans.

On entend crépiter les bûches de sapin dans le feu qu'entretient, pour l'amour du bon pain, l'homme qui a ressuscité ce four d'antan afin que revivent les couleurs et parfums de la croûte craquante et dorée du pain blanc. La mie se décline en arômes jusqu'au noir, fidèle au goût de chacun, du matin au soir ; un nez de noisette, le palais de levain, un brin de causette, des mamies, le bon vin, 12cl comme pour le poète, car il faut garder les épaules sous la tête, rouler la pâte et la mener à la baguette. Il sait aussi qu'on ne peut vivre uniquement de nostalgie, de souvenirs du bon vieux temps ; le commerçant fait donc tourner à plein régime son four ultramoderne qui emmagasine des centaines de bonnes viennoiseries fines qu'engouffrent les partisans d'un contre régime.

En haut, la femme du boulanger enferme Marcel l'épagneul pour qu'il n'embête pas les clientes qui préfèrent la truffe au cacao dans la bouche que celle du chien entre les jambes. Hélène pousse la porte de l'artisan, échange quelques mots avec la boulangère revenue qui lui propose une de ses miches qu'elle refuse, préférant prendre une bonne baguette méditerranéenne avec ses olives.

Entrent une religieuse et un mendiant – car le commerce fait également pâtisserie. La nonne sans pet veut offrir le dernier baba-au-rhum qui s'ennuie dans la vitrine au brave qui lui ressemble. Dans un élan du cœur et non du culte, la patronne lui en fait cadeau. Déjà qu'il date de la veille… Puis, en verve :

– Et comment vont les affaires en ce moment, dame nonne ?

– Oh, difficilement ! Les gens de nos jours ne sont plus comme avant, ils ne croient plus à tout ce qu'on leur raconte… Je me demande qui paiera nos retraites !

– Excusez-moi, vous n'auriez pas 2 euros ? intervient le bénéficiaire de la charité, tenant dans sa main la boite de carton que lui a tendu la pâtissière.

– Enfin ! Je viens de vous offrir un gâteau ! s'offusque la voilée.

– Mais ça n'vous a rien coûté, non ? Et puis je veux me payer un café pour boire avec le gâteau.

– Vous ne manquez pas d'air !

– Oh si, justement ! Je suis auteur-compositeur et je suis en manque d'inspiration, voilà pourquoi j'erre. Bientôt je vais expirer dans la misère.

– Eh, bien, mon ami, priez, et le souffle divin vous enchantera.

– Qu'est-ce que vous me chantez-là ? rétorque le pauvre hère ; vous y croyez, vous ?

– Peu importe ! Mais vous, vous devriez !

– Madame ? intervient la commerçante…

– Ma sœur ! rectifie l'interpellée.

– Vot' sœur, si vous voulez… Il vous fallait autre chose ? Il y a des clients qui attendent !

– Merci, ce sera tout, répond sèchement la religieuse qui, prenant son mendiant par le bras, sort de la boutique.

– Ah, ces illuminés, j'vous dis ! Quels bavards ! commente la boulangère à l'adresse du client suivant. Le pire, c'est les témoins de Jéhovah, à mon avis. Pas moyen de les arrêter. 85 centimes, s'il vous plait. Dimanche dernier, je me suis énervée, j'ai carrément dit « Toi, le témoin lumineux, mets-la en veilleuse », et je lui ai fermé la porte au nez, raconte l'artisane en encaissant.

– Bonjour, un pain, tante Marine, steuplait.

– Salut Axel ! Ça va ? Et Marie ?

– On va bien, merci. Et un épi, pour Jade.

– Ah, tu m'y fait penser, faut que je l'appelle pour un rendez-vous au salon, je veux changer de coupe et faire quelques mèches…

– Je lui dirais… Ciao tata !

– Salut !

– Bonjour madame Aad. Est-ce qu'il vous reste des beignets, là… des boules de Berlin ?

– Bonjour Ma'me D'Agnault. Non, j'en n'ai plus.

– Demain, peut-être ?

– Attendez, je me renseigne… Marine, ouvre la porte à l'arrière du magasin et hèle son mari : Pierre !

– Ouais ? répond celui-ci, au bas de l'escalier d'où montent les effluves d'une nouvelle fournée.

– Tu fais des JFK pour demain ?

– Ouais ! confirme le boulanger de sa voie puissante et caverneuse.

– Venez demain, j'aurai les boules ! annonce la commerçante à la gourmande avec un sourire complice.

Bon, nous n'allons pas passer la journée dans la boulangerie. Suivons plutôt Hélène, pour voir. Je ne sais pas où elle habite, alors il ne faut pas la perdre de vue. Mais faisons cela discrètement pour éviter qu'elle ne s'inquiète, ne s'affole et se mette à courir au risque de se faire enlever par un fou et que tout cela finisse dramatiquement. Car c'est très tendance – comme on dit aujourd'hui – les actes de sauvagerie à l'encontre des femmes et des enfants. Et ce n'est pas avec des budgets de plus en plus étriqués alloués à l'éducation, à la santé et à la justice que cela s'améliorera. Déjà qu'on envoie plus volontiers la police chasser au laser que veiller au grain pour décourager ceux qui en ont un gros comme un caillou et qui, en s'en prenant aux plus faibles, montrent qu'ils n'ont pas de couilles. Où plutôt qu'elles remplacent certains lobes de l'encéphale. Cela doit correspondre à une branche de l'évolution humaine nulle à scier. Il faudrait que je demande à M. Coppens.

Cela dit, revenons à Hélène qui vient d'arriver à la maison. Elle loge avec sa sœur dans un 3 pièces gentillet. Deux célibataires qui vivent ensemble, ça me rappelle le Gaspard et l'Oreste… Mais c'est une autre histoire.

— Alors, tu as trouvé une bagnole ? demande Hymane à sa sœur.

— Ouais, je me suis décidée pour une Mini… et j'ai failli y passer chez le vendeur répond Hélène avec un sourire en coin.

— Quoi, une partie de jambes en l'air, au pied levé ?

— Non, quand même pas, mais il voulait tout de suite me faire signer le bon de commande… Quoique, à bien y regarder, il est pas mal, avec son air d'Omar Sharif jeune…

— Attends ! Omar Sharif il a le charme *et* le chèque !... T'as pas, signé, au moins ?

— Non, je sais, tu vas me dire qu'il faut d'abord aller voir en Allemagne…

— Exact ! Près d'où je bosse, à Binzen, il y a plein d'occases pas cher et même un concessionnaire pour ta Mini… T'as bien fait de prendre du pain, en rentrant… mmmh, avec des olives ! enchaîne sans transition Hymane.

— Ah, au fait ! J'ai revu ta camarade de classe, à la boulangerie.

— Laquelle ?

— Celle qui habitait le quartier, qu'on n'avait plus vu depuis quelques années ; on croyait qu'elle avait déménagé…

— Ah, oui Emerence ! Emerence Inglé …

— Elle a pris le voile !

— Elle s'est convertie à l'Islam ?

— Non, elle est devenue bonne sœur.

— C'est pareil… La pauvre… lâche Hymane sur un ton compatissant.

— Tiens, tu as acheté « Les Fables du Robinet » ?

— Oui. C'est pour Fanny, tu te souviens, celle que j'ai rencontrée à la radio ; elle m'invite pour ce week-end chez elle, à Humes et je sais qu'elle aime bien ce genre de bouquins…

– Bof… Moi, c'est pas mon truc… fait remarquer Hélène qui préfère la lecture d'histoires fantastiques telles que « Happy Rotter et la clique des remords ».

Là, j'ai comme un pressentiment…

Il faudrait attendre le retour d'Hymane, dimanche soir. Il y en a pour deux jours. Alors je vous propose de refermer ce livre et de patienter 48 heures pour avoir un aperçu plus réaliste du temps qui passe. Si vous lisez ces lignes un autre jour qu'un vendredi, peu importe, c'est la durée qui compte. Et vous n'êtes pas obligés d'attendre là, les bras ballants ; vous pouvez toujours aller au boulot, le patron ne vous paie pas pour ne rien faire. Vous êtes le patron ? Dans ce cas, vos employés ne sont pas là pour tout faire tandis que vous glandez, n'est-ce pas ? Si ? Après tout, c'est vous le patron… Vous pouvez aussi essayer de lire autre chose, par exemple une autre histoire de Jean peu ordinaire… Mais attention ! Si, là encore, on vous demande de patienter, vous n'êtes pas sortis de l'auberge !

V

« Gaufre d'ami ! »
(M. Ionnett)

– L'Auberge-Inn « Violett », tu dis ? Tu es sûre ? demande Hymane en déballant sa valisette.

– Mais enfin, si je te dis que j'y étais hier aprèm ! Je voulais aller boire un café chez Ange parce que ça fait un bail que j'y avais plus mis les pieds… et pouf ! Disparu ! À la place, un resto. J'ai quand même pu y prendre un café et causer avec le patron. Il m'a dit que les précédents proprios ont vendu le fonds, qu'ils ont décidé de prendre des vacances prolongées, et qu'ils envisagent ensuite d'ouvrir un resto ailleurs en ville, explique Hélène.

Vous voyez ce que je vous avais dit ! Le café d'Ange est fermé ! Bon, vous vous en fichez peut-être, mais les ancien(ne)s comprendront ! Toute une époque qui s'évanouit ! Le lieu de rencontre de la bande de jeunes amis depuis bien sept ou huit ans ! Je me souviens encore du jour où j'y étais entré la première fois ; j'arrivais alors que Marie et Mylène étaient en pleine conversation et que le fameux Gilles les avaient appelées… C'est ici que cette dernière avait fait la connaissance d'Ange. Il y travaillait depuis quelques années, mais n'en était pas encore le

patron. Il avait ensuite racheté l'affaire à son employeur –
le « Père Riheux », comme l'appelaient les habitués – et
changé toute la déco intérieure. C'est en ce lieu que
Camille et Trinh se sont rencontrés ! Je parie que, sans le
café d'Ange, leur histoire n'aurait pas eu la même suite.
Mais, avec des paris, on peut en mettre six bouteilles !

   – Sinon rien d'autre de neuf ?

   – Papa et maman viennent déjeuner demain. Il vont à
l'aéroport chercher les De Baaf qui arrivent en début
d'aprèm. Je leur ai dit de venir manger chez nous en
passant… Sinon, chez Fanny, c'était bien ?

   – Ouais, elle et son compagnon ont une chouette
maisonnette avec un jardinet et un chat un peu foufou.
Mais il est beau, avec un pelage de couleur paille…
D'ailleurs elle l'a appelé « Podpaille »

   – Une drôle d'idée, je trouve, que d'appeler son chat
« Podpaille » !

   – Et alors, c'est pas plus bête que d'appeler son gars
« Lurin »

   – Pas « Lurin » ! Mais « Luryen » ! Et d'abord je
l'appelle par son prénom et pas par son nom de famille !
Et ensuite vaut mieux avoir un copain qui s'appelle Jaap
Luryen, plutôt que pas de copain du tout, n'est-ce pas ?

   – Oh, ça va ! Au moins, je suis libre et, après tout, on
dit bien « On n'est jamais mieux servi que par soi-
même » !

   – Ah, c'est vrai ? demande Hélène en souriant.

   – C'est pas ce que je voulais dire, se reprend Hymane,
rougissante, en mettant la main devant la bouche ; je me
suis trompée de proverbe ….

   – Ouais c'est ça ! coupe sa sœur en riant.

   – Non ! Je voulais dire « On est mieux seule que mal
accompagnée » !

   – Oui oui oui… continue Hélène en riant de plus belle.

Le visage d'Hymane soudain s'assombrit. Sa sœur, se
calme alors et vient la prendre dans ses bras.

– Excuse-moi.

– Tu as raison… Mais je me sens seule. Tout le monde autour de moi est accompagné… Et je me sens moche…

– Mais non, voyons… Regarde…

Hélène prend une pince à cheveux, dégage un côté du front d'Hymane, puis la glisse dans la chevelure blonde et bouclée de sa sœur avant d'amener celle-ci devant le miroir.

– Maintenant, fais-moi un sourire…. Allez, un beau sourire, pas un truc forcé… Voilà ! Tu vois que t'es belle ! Tu rayonnes ! Regarde, j'en bronze même !

Toutes deux éclatent de rire.

– Je sais que ton Belge de Gilles t'a fait un coup tordu, mais faut pas t'arrêter à ça, reprend Hélène pour encourager sa soeur. En plus, c'était il y a 4 ans... Il faut que tu regardes en avant, tu as tout pour plaire !

– Fais gaffe, Jaap c'est aussi un flamand !

– Hymane !

*

Martine et Claude ont pris la route pour se rendre à l'aéroport aussitôt après avoir déjeuné chez leurs filles. Il roulent maintenant sur l'autoroute reliant Mulhouse (son tram et ses quartiers « haut-les-mains ») à Bâle (son tram et ses quartiers « jambes-en-l'air »). Marie et Axel, eux, s'engagent également sur l'A36 pour aller faire une balade à Titisee, en Forêt Noire (ses pédalos et ses quartiers de jambons fumés). Ils vont rejoindre l'A5 et ne croiseront donc pas le couple Iké. Vous avez peut-être cru qu'ils allaient se rencontrer ; eh bien non. Les uns prennent la direction de Freiburg, les autres, celle de Basel.

Mais mon intention n'est pas de suivre les intéressés dans le magnifique cadre de ce lac dormant au creux des montagnes peuplées de sombres conifères altiers laissant aux abords des eaux la place aux maisons traditionnelles qu'ont investi boutiques et restaurants pour proposer au touriste toute la gamme de produits régionaux s'étendant de l'horloge à coucou – fabriquée dans le coin ou en Asie – au craquant « Bockwurst » qui embaume la rue, caressant les narines des visiteurs en admiration devant les peluches et autres objets, eux aussi vraisemblablement de même provenance que bon nombre de Chinois ravis de rapporter au pays ces souvenirs typiques, contribuant ainsi au développement du commerce et de l'emploi local dont certains bénéficiaires manifestent paradoxalement de la xénophobie. Où va se nicher la bêtise humaine, tout de même !

Non, ce qui m'intéresse, c'est qu'Axel et Marie vont faire un crochet par Neuenburg où Arthur et Tara les ont invités à déguster une glace. Ils doivent se retrouver chez Incontro, cet artisan italien qui propose de très bonnes coupes et cornets maison à un prix défiant toute concurrence. Les Français se sont d'ailleurs depuis longtemps donnés le mot au point que, les beaux jours, on se demande si la frontière n'a pas été détournée de quelques kilomètres outre-Rhin.

Lorsqu'ils arrivent, le couple germanique est déjà attablé. Après les salutations, ils passent commande et la conversation s'engage sur les habituelles considérations météorologiques et autres bavardages de revoyure qui, au bout de quelques instants, bifurquent vers des sujets d'actualités. Axel évoque notamment la remarquable santé économique de l'Allemagne, à peine sortie de la crise, à quoi Arthur acquiesce au gré de quelques explications dans un très bon français légèrement agrémenté d'un accent teuton sur le bout de la langue, ce qui me dispense d'une fastidieuse traduction :

– Tu sais, c'est l'industrie qui tire notre économie vers le haut ; surtout l'automobile !

– Je sais bien. Chez nous, l'industrie c'est pas notre point fort. On a quoi… Un peu de naval, d'aéronavale qui a du mal a vendre ses « Rafales »… et l'automobile qui à l'air de rouler à côté de ses pneus…

– Je pense que le tort, c'est de mettre des financiers à la tête des industries. Pour diriger des groupes industriels, il faut des industriels. Eux, ils savent faire travailler les hommes ; les financiers, ils savent faire travailler seulement l'argent ; mais l'argent ne transpire pas.

– Chez nous on dit : « L'argent n'a pas d'odeur »... En fait, jadis en France, il y avait aussi beaucoup d'industries ; surtout le textile, l'acier… Mais les gouvernements les ont laissées aller à la dérive… Sauf dans les cas où l'état était directement intéressé, comme la Seita, par exemple.

– La Seita ?

– L'industrie du tabac. D'ailleurs, pour toi qui est dans la communication, c'est un bon exemple : mon oncle m'avait raconté que sa première cigarette, ça a été à l'âge de 4 ans…

– Tu plaisantes ? s'offusque Tara.

– Non non ! C'était des cigarettes en chocolat, bien sûr ! Mais attention : avec un papier blanc autour, voire avec une imitation de filtre, et vendues dans des paquets ressemblant parfaitement aux vrais, pour habituer le futur client dès le plus jeune âge. D'abord les formes et les couleurs, l'impression du bon goût ; ensuite, apprendre les bons réflexes : à l'école, à l'occasion de la fête des pères, on fabriquait des cendriers ou des boites décoratives pour les allumettes et, enfin, lors du service militaire, avec chaque ration, le soldat recevait un paquet de cigarettes – un vrai, cette fois, et gratuit (question d'investissement). Ainsi, tout au long de sa jeunesse, l'homme était formé pour devenir un fumeur. À côté de ce stratagème, les autres pubs font pâle figure ! Et cette industrie fonctionnait du tonnerre ! Tu n'imagines pas le nombre de gens qui ont pu vivre grâce au tabac !

– Tout de même, modère Arthur, c'est mieux maintenant qu'on encourage les gens à arrêter de fumer, non ? Peut-être que ton oncle a travaillé à la Seita, et qu'il a maintenant une bonne retraite, mais…

– Non. On peut dire qu'il a travaillé *pour* la Seita, avec toutes les cigarettes qu'il a consommées. Mais la retraite, il ne l'a pas connue ; il est mort avant, d'un cancer du poumon…

– Je suis désolé…

– Y a pas de quoi. Et ça fait déjà dix ans… Mais, encore aujourd'hui, on dirait que l'état soutient surtout les industries nocives… conclut Axel. Bon allez, changeons de sujet ! et « TarArt' » connaît aussi le succès à présent ?

– Voilà pourquoi nous voulions vous voir, répond Tara dans un français impeccable également (ce qui m'arrange toujours autant). Nous avons pu bénéficier de cette bonne reprise économique depuis quelques mois et, en faisant des projections selon notre carnet de commandes prévisionnel, nous pensons qu'il est temps d'étoffer notre équipe. Comme nous l'avions proposé à Marie fin 2008, mais que nous avons dû renoncer à cause de la crise, explique-t-elle en se tournant vers l'intéressée, nous serions heureux que tu acceptes de nous rejoindre !

– Ça signifie que vous avez l'intention de m'embaucher ? veut s'assurer Marie.

– *Hast du etwas Zeit für mich…*

– Excuse-moi, la Nena qui chante, c'est mon handy…

Tandis que Tara répond à l'appel, Arthur confirme en souriant :

– C'est ça ! Et aux conditions convenues la dernière fois. Ich weiß auch, dass du viel geübt hast um dein Deutsch zu verbessern, ajoute-t-il avant que je n'aie le temps de traduire. Tu pourras commencer début du mois prochain mais, en août, on ferme la boutique ; alors si tu veux en profiter pour prendre des vacances, c'est à ce moment-là que ça ira.

– Ja ! Klasse ! Gaufre d'ami, c'est génial ! s'exclame Marie, ravie, qui n'a pas dit grand-chose encore depuis qu'ils ont été servis, préférant lécher sa crème à la banane que d'entrer de sa verve dans le sujet comme en témoigne l'état de son cornet dont elle a déjà entamé la gaufre.

– Na, Marie, si tu prends autant de plaisir à travailler chez nous qu'à manger la glace, tu vas être très performante ! dit Arthur en riant.

– C'est vrai, ça ! observe Axel, tu as déjà mangé plus de la moitié de ta glace !

– Il faut être positif, Axel, rétorque la jeune fille, il me reste encore près de la moitié à manger !

– Elle a raison, la soutient Tara, dont la dégustation a suivi le même chemin, montrant de fait qu'il est faux de prétendre que les femmes sont plus bavardes que les hommes.

– Eh bien, vous avez pris seulement des cornets, ça sera peut-être pas suffisant mais, avec nos coupes, nous sommes en retard, constate Arthur ; moi j'ai à peine mangé 1/3 et Axel, même pas 1/4 !

– C'est vrai, avoue ce dernier, cherchant d'une gestuelle du pouce et de l'index à mesurer la quantité consommée. La moitié de ça, même ! détermine-t-il.

– Alors, ta coupe est $1/8^{ème}$ vide ! On peut dire comme ça, car c'est tellement peu, qu'on imagine qu'il reste beaucoup ; c'est une impression positive ! justifie Arthur.

– Je reconnais-là la psychologie du publicitaire ! fait remarquer Axel qui, immédiatement ensuite, semble absorbé dans ses pensées.

– Si tu ne te décides pas, tu pourras demander une paille, ce ne sera plus une glace mais un milk-shake ! dit Marie en indiquant la sauce commençant à se former autour des boules.

– Oui, oui ! répond Axel en mettant plus d'enthousiasme dans la manipulation de la cuillère. Je pensais juste à ce que vient de dire Arthur : le huitième vide… ça ne te dit rien ?

— L'énigme.

— Ouais ! Dire que je commençais à oublier ça, depuis qu'Ange a cessé son activité… Et il ne reste que 3 mois et demi !

— Gaufre d'ami !

— Comme tu dis… D'ailleurs, ça vient d'où cette expression ?

— Une ancienne voisine qui disait souvent un truc comme ça ; c'est de l'Alsacien…

Après ce bref aparté avec sa compagne, voyant l'air interrogatif d'Arthur (qui arbore le sourire entendu de celui qui a entendu citer son nom, mais qui n'a rien entendu au sujet), Axel lui explique l'affaire.

— Oh, moi, les énigmes ce n'est pas mon fort ; ne me demande pas de t'aider ; je ne pense pas être utile à tes recherches ! dit Arthur un brin amusé de l'intérêt porté par le jeune homme aux gribouillages de tables de bistrot…

— Détrompe-toi ! Tu viens de me donner une idée ! J'ai toujours cherché à trouver huit sortes de vides en me disant que la solution serait dans l'un d'eux…

— Huit sortes de vides ?

— Oui, par exemple le vide de l'espace, le vide d'air, le vide de sens, la tête vide, l'Ovide, livide, l'avide autrui, évide je ne sais quoi encore… Mais je n'ai pas réfléchi dans le sens où le huitième pourrait être 1 sur 8 !

VI

« Le quart de 365 ¼ c'est plus que juste le quart ! »
(Jean)

– Une fraction ? Pas bête ! Là, je pense que tu dois être sur la bonne voie… Mais, en t'obstinant sur $1/8^{ème}$ tu risques de passer à côté de la solution…

– Comment ça ?

– Il s'agit d'une énigme, ces bestioles-là jouent sur les mots (rappelle-toi l'indice), les suggestions… Le huitième peut être la moitié d'un quart – comme dans ton récit de glaces – et la moitié, ça peut être toi… et le quart pas celui qu'on croit… explique Jean, encore plus énigmatique que l'énigme elle-même.

– Je ne te suis pas.

– Ben, par exemple, en tant que compagnon de Marie, on peut dire que tu es sa moitié, sa tendre moitié…

– « Tendre comme la mie de pain », elle me l'a déjà dit. À propos, tu sais que le pain de mie a été inventé pour répondre aux besoins de ceux qui voulaient manger du pain sans avoir à croquer sa croûte ? Eh bien maintenant ils ont inventé le pain de mie sans la croûte – qu'il n'avait déjà qu'à l'état embryonnaire – pour ceux qui ne veulent

45

bouffer que du blanc. Bientôt ils vont faire le pain liquide, comme ça y aura même plus à mâcher…

— C'est du pain béni pour les industriels, mais là, on quitte l'énigme. À ce rythme, tu vas louper le coche ; on est déjà début mai ! coupe Jean.

— Tu as raison, revenons au huitième.

— Au quart ! Car le quart est peut-être un car !

— Quoir ?

— Tu ne comprends pas, car tu entends et tu ne lis pas ! J'explique : le car, cé a erre, le bus, si tu veux.

— Ah ouiiii…. Et alors ?

— Ben… chaipas… Faut voir…

— Réfléchissons comme Herbert.

— Non, lui il rêve, Herbert ; c'est l'Emir Ouar qui réfléchit, rectifie malicieusement Jean.

— Tu parles de l'émir que t'as vu avec son avocat, lors de la super fête à Thouars ? Anouar Hacène Ouar ?

— Ah, que oui !

— Si j'ai bonne mémoire, il avait défendu quelqu'un qui, pour l'Aïd, avait coutume d'égorger le mouton sur son balcon, héron, héron, petit patapon, et contre qui les voisins avaient porté plainte…

— Et il avait gagné ; car comme dit le proverbe arabe (il me semble) : « *N'essaie pas de niquer celui qui égorge le mouton car les voies du saigneur sont impénétrables* ».

— Et mon énigme dans tout ça ?

— Hé ben simplement, je pense que le voyageur doit prendre un minibus – la moitié d'un car ! – au mois d'août cette année.

— Mais où ?

— Loin d'ici, j'en ai l'intuition.

— Je le crois aussi. D'ailleurs, la partie de la phrase : « *où l'on a vu disparaître le soleil en octobre 1995* » me faisait penser que c'était au bout du monde, là où disparaît le soleil à l'horizon… Mais, renseignements pris sur Internet, j'ai appris qu'à cette date il y a eu une éclipse totale du soleil, explique Axel, visible notamment dans le sud-est asiatique.

– C'est aussi le bout du monde ! On a déjà bien avancé ! On peut donc conclure que le voyageur intéressé devra prendre un minibus qui le mènera à l'endroit où l'on a vu l'éclipse à ladite date et qu'il y sera accueilli par l'auteur de l'énigme au mois d'août prochain pour passer des vacances aux frais de la princesse ! Pas mal, non ?

– Pas mal du tout !

Pas mal, pas mal ! Ils sont drôles ces deux-là ! Je n'ai même pas atteint les 50 pages qu'ils ont déjà résolu une grande partie de l'énigme. À ce rythme-là, dans 10 pages l'affaire sera dans le sac, l'histoire finie. Vous vous rendez compte ? Un bouquin de 60 pages ! J'aurai l'air ridicule !

– Cela étant, rien n'est moins sûr ! reprend Jean, à ma grande satisfaction. Le huitième vide qui s'ouvre à son tour, ça peut être un récipient, un flacon, une bouteille aux 7/8ème pleins, en stock chez Ange où l'énigme a été rédigée, et dans laquelle il y aurait un message indiquant le lieu de rendez-vous ! Et le huitième mois n'est peut-être pas août, mais septembre !

– Pourquoi ?

– Ben, s'il s'agit de l'année du Tigre, la référence est le calendrier Chinois dont le premier mois en 2010 commence en février !

– Mouais…. Tout ça reste donc bien incertain ! Surtout que le café d'Ange n'existe plus…

– Quoi qu'il en soit, en persévérant, on devrait y arriver et tu peux te préparer à un voyage en Asie d'ici trois ou quatre mois.

– Si, dans un accès de clémence, Eyjafjöll le permet !

– Soyons optimistes !

– J'espère ! Car, pour mon job, c'est pas la joie. En plus, l'an dernier, Marie et moi on a reporté notre voyage au Vietnam puisque, avec mon patron, on avait évoqué la possibilité que j'y aille cette année (et ça semble se confirmer) pour concocter un nouveau circuit… Si l'Islande continue de fumer, c'est grillé… Tu vois, finalement, l'homme a l'œil dans les étoiles, il a mis le pied sur la Lune, mais n'a pas la mainmise sur la Terre, conclut Axel. Ce qui semble inspirer Jean :

— Et le spationaute s'élevant dans les cieux au-dessus des mers, des montagnes et plus haut, s'écrie quand, regardant à travers le hublot, il aperçoit la magnifique boule bleue : « Oh ! Mince alors, mais qu'est-ce que c'est beau de l'air ! », tandis que nous restons dans notre pied à terre, nous évertuant à faire de pauvres vers…

— Attention, tu vas finir par faire le sketch que Sénèque + Ultra dédient au jardin…

— Forcément, c'est moi qui l'ai écrit, pauvre quetsche ! Excuse, mais ce n'est que rime de radin…

— C'est mieux que si ça ne valait pas un radis…

— À ce propos, j'en ai goûté de Germanie. Si j'ai trouvé pas mal le radis palatin, j'ai une phobie légère pour un vin rouge à la robe plutôt terne et manquant de cuisse. Rien ne vaut le nôtre avec un steak au poivre… et il faudra du temps pour que cela ne bouge dans mon esprit, bien qu'il ne soit celui d'un Suisse… Tu souris ? Tu connais la formule de Moivre ?

— Bien entendu, mais quel rapport avec la bouffe ?

— Aucun, évidemment, pas plus qu'avec la schnouff.

— Je vois, le rimailleur succède au ripailleur… Holà, il se fait tard et j'ai à faire ailleurs…

— Est-ce à cause de moi que tu te tires ailleurs ?

— Mais non ! Mais je dois voir mon patron tout à l'heure.

Ne croyez pas qu'Axel soit ferrailleur ou tirailleur, il travaille dans une agence de voyeurs – pardon, de voyage – où, entre deux déplacements professionnels à travers le monde destinés à recueillir les informations pour mettre sur pied de nouveaux circuits touristiques, il exerce en tant qu'agent de comptoir. Il y travaille depuis 7 ans, cumulant partiellement les fonctions de deux anciens employés dont l'un a changé de métier après un accident du travail et l'autre, un cadre, a été licencié. Bien entendu, Axel a hérité d'une partie de leurs tâches, mais pas du statut correspondant. Monsieur Joux, le patron, lui promet une progression depuis deux ans mais, avec la crise… Vous savez ce que c'est…. Nous allons d'ailleurs le suivre, histoire d'entrer dans le monde du travail, ce que nous n'avons pas fait jusque là, finalement.

VII

« Ma petite entreprise connaît pas la crise »
(A. Bashung)

– Eh bien, Axel, j'ai réfléchi à votre proposition et je ne vois rien à priori qui s'oppose à ce que je vous suive : vous partirez donc mi-août au Vietnam pour quinze jours à titre de déplacement professionnel afin de récolter les éléments nécessaires à concevoir un nouveau produit, et vous prolongerez votre séjour par vos congés pendant les deux semaines suivantes. L'entreprise prendra en charge votre billet d'avion, les assurances, bien sûr, et l'hébergement sur place pendant la première quinzaine, et on vous donnera des espèces pour les frais divers. Attention, je préfère rappeler que vous serez couvert au titre de votre travail uniquement les deux premières semaines ! À vous de vous assurer pour la suite du séjour ! Maintenant, une fois sur place, entre nous, vous vous organiserez à votre guise, si vous partez avec votre compagne ; ce que je veux, ce sont des résultats ! insiste le directeur en fixant Axel. On se reverra, bien entendu, pour les détails… On va dire… fin juillet, OK ?

– Très bien, Armand.

– Vous avez des questions ?

– Pas pour le moment…

– Bon ! Eh bien, occupez-vous cette semaine encore des billets et réservations pour l'hébergement durant votre séjour, et commencez à travailler dessus pour partir là-bas sur une bonne base en vous référant à nos entretiens du début d'année à propos de nos objectifs : sortir des sentiers battus, mais avec des balises sous les yeux, et au meilleur prix ! rappelle le directeur avec un large sourire en raccompagnant Axel.

Il ne s'arrête d'ailleurs pas sur le seuil de son bureau, mais continue jusqu'à la machine à café en fronçant les sourcils – à défaut d'une jupe, puisqu'il n'est pas couturier.

– Dites, Mansour ! Je sais que dans ce métier il faut avoir le sens du contact humain, mais vous, vous ne manquez pas de verve !

– Oh, n'exagérons rien ! Je suis normalement constitué, explique le gars, je suis un Africain, certes, mais pas Sénégalais… Ivoirien, complète Mansour.

– J'ai dit « verve », entendez-vous ?

– Je la dresse !

– Encore ?

– L'oreille, je veux dire !

– Bref, Monsieur Kévreh, je ne vous paie pas pour vous promener ou bavarder avec vos collègues à la machine à café !

– Je le sais bien ; je fais ça bénévolement ! Rassurez-vous, je ne vais pas vous réclamer d'argent pour quelques minutes ! termine le malicieux jeune homme en empoignant le chariot de prospectus fraîchement livrés par l'imprimeur qu'il doit aller répartir sur les rayonnages de la boutique.

– Incroyable, ce type ! Heureusement qu'il n'est que stagiaire, sinon je crois que je l'aurais déjà viré.

– Euh, moi je venais juste pour me faire un petit café au lait, fait remarquer une voix derrière le dos du directeur.

– Avec Mansour ? demande ce dernier en se retournant.

– Non avec la machine, si possible.

– Allez-y, Pia.

La jeune femme s'apprête à glisser une pièce dans la fente.

– Oh, mais le café a augmenté !?

– Oui, c'est le fournisseur qui fait les prix… Il a d'ailleurs accroché une note, la semaine dernière.

– J'étais en vacances…

– Que voulez-vous, tout augmente !

– Sauf le salaire !

– Le vôtre, peut-être !

– Evidemment ! Vous, vous êtes le patron, alors vous pouvez vous augmenter quand vous voulez, comme Sarko !

– Oh, ne croyez pas ça ! Si je veux augmenter mon salaire, il faut que l'entreprise fasse suffisamment de chiffre pour cela ! Et moi, je ne peux pas piocher dans les poches du contribuable quand il n'y a plus de sous dans les caisses ! argumente Armand en appuyant son discours par une gestuelle de la main qui évoque celle du pickpocket, tandis qu'Axel – qui à son tour est venu se servir un café – observe le duel vocal. Mais ne vous inquiétez pas, continue le directeur, bientôt le SMIC va être revalorisé, alors hop, vous aurez une augmentation sans rien demander ! Puis il enchaîne en s'adressant simultanément aux deux collaborateurs : et regardez au-dessus de moi, que voyez-vous ?

– Le plafond, répond Axel.

– Exactement ! Il n'y a pas de parachute doré !

– Le SMIC, répond Pia.

– Comment ?

– Oui, le plafond c'est le SMIC : le Salaire Maximum d'Intérêt Capitaliste !

– D'où sortez-vous ça, Pia ?

– Le Dico du Kub, sur Cerumen FM.

– Bon allez, assez bavardé ! intime Armand en s'éloignant.

Pia retourne à la boutique où patientent des clients. Axel, quant à lui, rejoint Ryan Afhout, le collègue avec lequel il partage un bureau.

– Alors, « Joujoux » est d'accord ? lui demande celui-ci.

– Ouais !

– Excellent ! Ça va te faire quatre semaines au Vietnam à bon compte !

– Ben, il n'est pas bête ! Il sait bien que, pendant les deux semaines où je serais en vacances, j'ai des chances supplémentaires de découvrir des choses qui peuvent être utiles à mon boulot ! D'ailleurs va falloir que je m'y attelle dès maintenant, observe Axel en s'asseyant devant son ordinateur.

– Plutôt, oui ! Le dernier tour, c'était « Joujoux » qui l'avait concocté, il y a cinq ans, en s'appuyant sur le Guide du Routard et en faisant un trip éclair de huit jours sur place pour vérifier les infos ! Ça mérite d'être réactualisé ! remarque Ryan.

– Effectivement... Mais cette fois, il s'agit de faire quelque chose de bien organisé, car notre clientèle, même si elle est jeune, recherche tout de même un minimum de confort et de sécurité ; ce ne sont pas tous des baroudeurs...

– Ryan ? Tu peux venir au magasin, y a la queue ; Serap et moi on n'y arrive pas ! les interrompt Pia dans l'entrebâillement de la porte, un peu fatiguée.

– Avec la queue ?

– Vas-y ! Avec les clients, andouille ! s'énerve-t-elle.

– OK, j'arrive ! lance Ryan tandis que sa collègue tourne les talons. Ça y est, y a 3 clients et ces demoiselles sont débordées ! soupire-t-il en se levant ; puis il ajoute : et pourquoi elle me demande à moi ? Elle sait que le comptoir c'est pas trop mon truc…

 – Parce que t'es le plus beau !

 – Tu parles ! Je crois qu'elle est vexée. On va manger ensemble demain midi, tous les trois, et j'ai opté pour le kebab de Serap plutôt que pour la pizza de Pia.

 – Pourquoi ?

 – J'aime pas.

 – Pia ?

 – Non, la pizza. Pia, je dis pas….

 – Mais tu as un faible pour la nouvelle, hein ?

 – C'est vrai… Bon, allez ! J'y vais, sinon elle va revenir à la charge, termine Ryan avec une mine résolue.

 – Bah, au moins tu seras en bonne compagnie, non ? l'encourage Axel.

Ryan hoche la tête avec un sourire, et sort. Moins de 30 secondes après, la porte se rouvre (bien qu'elle ne soit pas en chêne) pour livrer passage à Mansour.

Il a fini de distribuer les boites de nouvelles cartes de visite livrées par le facteur et vient s'appuyer contre le bureau de Ryan en buvant un gobelet de thé soluble.

 – Tu as vu, il ne m'intimide pas le patron !

 – J'ai vu ! Mais tu es bien imprudent. Là, tu es stagiaire, mais le jour où tu seras embauché quelque part….

 – Je sais bien. Mais il me donne que des conneries à faire, j'apprends rien du boulot ! Alors, je ne me laisse pas faire… Tu sais, l'an dernier j'ai bossé pendant les vacances scolaires dans une usine ; il y avait un chef d'équipe pas commode. J'avais fait des heures sup tout le mois, et le dernier vendredi, j'ai voulu partir plus tôt car il y avait pas trop de taf. Il a pas voulu, il m'a dit « c'est pas possible, tu restes jusqu'au bout, y a trop de boulot ». Je lui ai répondu « T'es vraiment un con de raciste, toi ! ».

 – Et alors ?

– Il m'a dit : « Toi, tu apprendras à être poli ! Tu prends tes cliques et tes claques et tu rentres chez toi, c'est plus la peine de revenir. » Je lui ai dit « Hé ben, tu vois que c'est possible que je rentre plus tôt ! »

– T'es trop, toi ! s'exclame Axel amusé. Puis il enchaîne : allez, vire les classeurs de la chaise, là, et viens t'asseoir à côté de moi ! Si tu promets de réduire le débit, je vais te montrer quelques trucs, propose-t-il en faisant un signe avec la main repliée en pince pour inviter Mansour à calmer le flot de ses paroles. Sur ce, la porte se rouvre une nouvelle fois, laissant passer le buste d'Armand.

– Ah, Mansour, vous êtes là ! Je craignais que vous vous ennuyassiez !

– Je ne m'ennuie pas à chier…

– Comme il est ici en stage, je lui ai proposé de le former un peu, coupe Axel pour éviter au jeune énergumène de retrouver une occupation à la con.

– Très bien, Axel acquiesce le directeur ; puis, avant de refermer la porte, il lance à Mansour : vous avez un bon collègue, sachez en tirer profit !

Quant à nous, allons voir à l'avant, dans la boutique, ce qui s'y passe.

Pia et Ryan sont en conversation avec des candidats au voyage ; le siège de Serap est vide. Café ou toilettes, probablement.

Approchons-nous de Pia.

– Je peux donc vous proposer ces deux options. Mais, je pense que le plus intéressant, c'est quand même le tour en Patagonie. Plusieurs personnes nous ont déjà fait part de leur satisfaction.

– C'est aussi ce qui me semble le mieux.

– On part pour la Patagonie alors ?

– Si vous voulez… Je suis prêt à vous emmener !

– Non, je voulais savoir si vous souhaitez réserver pour ce tour, Monsieur Haudeport, précise Pia en rougissant.

– Ce nom me dit quelque chose ! dit le patron qui vient d'apparaître derrière le comptoir de Serap. Là n'est point de magie, mais l'accès entre les bureaux et l'avant de l'agence. La jeune femme le suit d'ailleurs, et regagne sa place en essuyant discrètement du dos de la main une trace de lait à la commissure de ses lèvres. En s'asseyant, elle pose son gobelet d'ayran et en tend un autre à Ryan qui le prend avec un sourire et un clin d'œil en hochant la tête pour la remercier. Cette complicité agace Pia qui ne peut cependant pas faire grand chose, étant maintenant coincée entre son client et son directeur.

– Frank ? lance ce dernier.

– Armand ? Ça alors ! Mais, tu n'es plus à Nancy ?

– Hé non ! Mon associé a décidé de suivre une autre voie, alors j'ai fermé l'agence de Nancy pour prendre celle-ci il y a deux ans… Nous avons une bonne clientèle allemande et suisse, alors le choix était vite fait. Et toi ? Je te croyais Doubiste !

– Nein, ich bin nicht mehr ! Mon oncle a pris sa retraite et moi la suite de son affaire : un garage.

– Et tu parles allemand aussi…

– Oh, juste un peu ; c'est préférable dans la région.

– Et ça marche les affaires ?

– Ça va… J'ai aussi une clientèle d'amateurs de voitures anciennes qui vient me voir…

– Alors, toujours dans la Deuche !

– Entre autres…

– Vous voyez, Pia, ce monsieur, je l'ai connu a Nancy, c'est un fin connaisseur en voitures des années 1950-1960, surtout les 2CV. Je l'appelais « L'homme qui murmurait à l'oreille des 2CV ». Avec lui, aucune deux-pattes ne résiste…. Mais vous ne connaissez peut-être pas ces voitures, vous êtes trop jeune…

– Si si ! Vous n'avez pas non plus l'âge d'une traction, pourtant vous les connaissez, non ?

– Evidemment !

– Là, elle t'as eu ! rigole Frank.

– Alors, tu veux voyager ?

– En Amérique du sud.

– Alors Pia t'a proposé le tour Argentine / Chili / Patagonie, avec ses vastes étendues et son Florent Pagny, s'il y est encore ! Et, si tu peux partir en janvier, tu sais qu'il y a même une journée pour assister à une étape du Dakar !

– Pia me l'a dit… J'ai d'ailleurs poussé un peu le bouchon en lui proposant de l'emmener, avoue Frank.

– Finalement, vous avez peut-être bien fait, j'ai bien envie de mordre à l'hameçon et vous accompagner, se risque-t-elle, pensant tenir là une sorte de revanche sur ses collègues.

– Oh Pia, tout de même ! fait Armand, l'air faussement offusqué.

– Non, non, je prends acte ! déclare Frank. Je vous emmène, vous êtes harponnée ! conclut-il dans la foulée, se surprenant d'ailleurs à faire, à son tour, preuve de culot.

– Ho-ho ! Toujours célibataire, on dirait ! émet Armand, avec un sourire complice.

– Ben oui... Mais j'ai l'intention de consacrer un peu moins de temps aux voitures, vois-tu ?…

– Bon, allez, je vous laisse ! Ah ! Pia, vous ferez 10% à Frank !

– Merci… Attends… Tiens, ma carte ; n'hésite pas à passer au garage !

– Je n'y manquerai pas !

Armand prend congé d'un « à plus ! », laissant les deux autres nez à nez, face à leurs responsabilités devant les engagements pris à la hâte pour des motivations qui restent encore à préciser. Dans cette situation, on comprend qu'il n'y a guère plus de place pour autre chose en regard des nez respectifs.

— Excusez-moi, commence Pia, j'ai dû vous paraître culottée, j'espère que vous ne m'avez pas prise au pied de la lettre…

— Je ne vous ai pas prise du tout, rassurez-vous, et que vous ayez une culotte se comprend tout à fait…s'empresse de répondre Frank. Quant à moi, j'ai été un peu cavalier…avoue-t-il à son tour, peut-être une déformation professionnelle, l'habitude des chevaux… vapeur(s)… Alors vous n'aimez pas la Patagonie ?

— Si, si ! Mais…

— Eh bien, nous pouvons y aller ensemble !... Je veux dire : prendre le même vol…

— Oui, après tout, cela ne nous engage à rien…

— *Combien de fois faut-il vous le dire avec style ?*

— Mon portable… Excusez-moi… Ange ? Salut ! Oui…. Non… Oui, pas de problème, amène-la au garage samedi… Ah bon ! Ça y est, tu ouvres ? Chouette ! Attends… dit Frank en occultant le micro pour s'adresser à Pia : ça vous dirait d'aller dîner avec moi, ce soir ?

— Ben, euh…

— Si votre conjoint ne s'y oppose pas, bien sûr ! se risque Frank avec une arrière-pensée évidente.

— Ah, mais je n'ai pas de conjoint !...

— Bon, alors ça marche ? On va manger « Italinois » !

— Quoi ?

— Vous verrez, ne vous inquiétez pas ! Bon, c'est d'accord ? insiste Frank. Puis, reprenant le fil de la conversation téléphonique après avoir recueilli un signe de tête approbateur de la part de la jeune femme : alors tu réserves une table pour deux s'il te plait, mon Ange… Ce soir, ouais… Ha-haa, tu verras ! Ciao !

— Mais, vous-même, vous avez une amie…

— Non, voyons !

— Mais vous avez dit : « Mon ange », je l'ai entendu ! insiste-t-elle.

— Ange, c'est le prénom du patron du resto où nous allons manger ; c'est un ami. Je l'appelle « mon Ange » pour plaisanter, voyons…

— Ah, vous me rassurez, parce que…. Et à quelle heure ?

— 19 heures ; je viendrai vous chercher… Au fait, vous habitez dans le secteur ?

— Oui, à Mulhouse…. Mais on se retrouve devant l'agence, si vous le voulez bien…

— Très bien !

— Et pour la Patagonie, alors ?

— Vous ne perdez pas le nord, vous !

— C'est au sud…

— Evidemment… Mais je vous ai dit que je vous emmène…

— Oui. Enfin, non. Je veux dire : est-ce que vous voulez réserver le tour, finalement ?

— Forcément ! Et je vous propose même d'y aller en janvier, comme ça nous pourrons assister à l'étape du Dakar…

— Bien sûr !

— Alors, pensez à poser vos congés rapidement, pas que vous ne soyez coincée…

— Je ne suis pas du genre coincée !

— J'ai remarqué.

On en vient presque à oublier Ryan et Serap, tant la conversation au sujet de la Patagonie accapare l'attention. En fait, le dialogue de ce couple ostensiblement naissant ne semble pas les perturber, d'autant que chacun ne manque pas d'occupation avec des clients qui ont fini par patienter à leurs comptoirs, estimant certainement qu'à celui de Pia, l'attente risque de s'éterniser.

Une demi-heure après, les derniers candidats au voyage quittent l'agence, mettant un terme à la vague de chalands, phénomène bien connu des commerçants. En effet, les clients viennent par vagues ; c'est comme à la mer, moins les vacances (ou moins le boulot, pour un marin). Certains, mécontents, écument même. D'aucuns, ayant déjà cassé leur nouvel appareil par une utilisation inappropriée, cherchent l'échange gratuit en essayant de noyer le poisson ; mais chacun, finalement, vient à la pêche aux bonnes affaires. Quoi qu'il en soit, tout le monde arrive en même temps on ne sait trop pourquoi ; phénomène paranormal ou vurtifilaire ? Se sont-ils télépathiquement donnés le mot ? Étrange… Et puis, un moment après, le magasin se vide…

Ici, chez Tourjoux, il n'y a plus à présent que nos trois agents, dont Ryan qui se lève en esquissant un geste d'étirement, en s'abstenant cependant de bailler.

– Voilà, maintenant je peux vous laisser, non ? Faut que je retourne à mon bureau… Alors, on a fait une touche, Pia ? glisse-t-il en riant tout en se hâtant de passer la porte avant qu'un prospectus catapulté par l'intéressée ne lui percute le crâne.

– Andouille !

– Il est taquin ! observe Serap amusée.

– Pas avec tout le monde, remarque sa collègue un brin agacée… En tous cas, vous avez l'air de bien vous entendre, vous deux…

– Oui, c'est vrai, il est sympa, mais je pense qu'il se fait des idées…

– Non ! Tu crois ? ironise Pia, mimant l'incrédulité.

– Il vaut mieux que je lui dise à l'occasion que, cet été, je rentre au pays pour me fiancer.

– Sérieux ?

– Oui. Il y a deux ans, quand j'y étais, on m'a présenté un jeune homme, et cette année on se fiance. L'année prochaine on devrait se marier…

– Génial ! s'exclame Pia. Non qu'elle se réjouisse à ce point de la félicité de Serap mais, de penser à la tête de

Ryan lorsqu'il apprendra la nouvelle, lui donne le sentiment de tenir une sorte de revanche qui la fait jubiler.

D'un hochement de tête, elle approuve :

– Oui, tu as raison, il faudrait le lui dire. Puis elle reste un instant les yeux dans le vague, l'air absent comme dans un roman-photo. Une légère brise fait frémir ses boucles blondes. Même si cela s'atténue avec le temps, elle porte toujours un certain intérêt pour Ryan. Quelques mois auparavant, elle a eu un peu le béguin pour lui mais, l'attirance n'ayant pas été réciproque, elle a voulu s'en détacher. Malgré cela, elle ressent toujours une relative dépendance sentimentale, et elle s'en veut ; elle, dont le caractère volontaire et un tantinet rebelle lui aurait permis de faire une carrière de leader syndical dans une grande entreprise. « Relative dépendance » mais pas « complète » se dit elle. Après tout, une nouvelle rencontre, en faisant naître une prenante idylle, pourrait l'aider à rompre cet attrait pour son collègue, pense-t-elle encore en laissant son regard se promener dans la pièce. Voilà pourquoi elle a accepté l'invitation de Frank. Une légère brise fait frémir ses boucles blondes (comme cela arrive à chaque fois que la porte donnant sur la rue venteuse laisse entrer ou sortir un client). Elle sursaute soudain. « L'invitation au resto ! Pourquoi avoir accepté » se demande-t-elle maintenant, légèrement inquiète. « Après tout, je ne connais pas ce gars. Bon, d'accord, Armand semble le connaître, mais ça ne veut pas dire qu'il soit fiable ! Non, il faut que j'annule…» Elle décroche le téléphone. Elle raccroche : elle n'a pas le numéro. Elle ouvre le tiroir du comptoir pour en sortir le feuillet sur lequel Frank a noté ses coordonnées. Elle décroche. Elle raccroche. « Non, si j'annule, il risque de se repointer dans l'heure… Je sais ce que je vais lui dire… » Elle décroche. Elle raccroche. « Non, je ne peux pas parler devant les autres. » Elle se lève et prend le chemin des toilettes en emportant son mobile. Elle bipbippe.

– Allo ? Frank ? Oui, c'est Pia… De Tourjoux… Ah ?
Bien ; mais je préférais préciser… Voilà, au sujet du resto
de ce soir… Pas du tout, mais je pense que ça risque d'être
un peu chaud… Non, je ne voulais pas dire ça, se défend-
elle, le rouge lui montant aux joues… En fait, j'ai encore
des courses à faire après le travail, et je ne pense pas avoir
le temps de revenir jusqu'à l'agence, je préfère qu'on se
retrouve directement là-bas. Vous pouvez me donner
l'adresse ? Oui…j'ai noté, merci... À ce soir ! Oui, oui, 19
heures, termine-t-elle ; puis elle bippe de fin juste avant
que Ryan n'arrive à son tour aux toilettes.

– Ben dis donc, t'es agressive !

– Quoi ? Comment ? demande Pia, un peu déboussolée
et craignant qu'il ait entendu la conversation téléphonique.

– La brochure que t'as essayée de m'envoyer à la tête.

– Ah, oui ! Hé ben, tes manières ne me font pas
rigoler !

– Bon, excuse-moi… Allez, sans rancune !

– En tous cas, t'as l'air assez accro avec Serap !

– Oh, ben… accro, je ne sais pas… mais c'est vrai
que… ma foi, elle me plait bien…

– Alors tu devrais lui faire ta déclaration quand vous
irez manger le kebab.

– Ho, si j'ai une déclaration à lui faire, je la ferai en
tête à tête et pas devant tout le monde !

– Mais les autres gens s'en foutent, ils ne vous
connaissent pas.

– Ben, et toi ?

– Je peux venir ?

– Ben, c'était prévu, non ? Ce serait sympa que tu
viennes, précise Ryan en ouvrant la porte des toilettes.

– Oh oui ; j'ai bien envie de voir ça ! marmonne Pia.

– Comment ?

– Non, je disais que oui, si ça ne vous dérange pas.

– Ah, vous voilà, Ryan ! l'apostrophe Armand qui
arrive à son tour. Alors les réunions ne se font plus devant

la machine à café, mais aux toilettes ? Bon, allez, peu importe ! Ryan, il faudrait me tirer un état des annulations et des stats sur le manque à gagner par rapport à l'année dernière en raison de l'activité du volcan islandais, là. Essayez de me sortir ça d'ici demain, hein !

– Ok, patron !

– Quant à vous, Pia, je crois qu'il y a de nouveau du monde, devant, et Serap est seule… termine-t-il en rentrant dans les toilettes.

– Oui oui, Armand, répond Pia en levant les yeux au ciel pour faire comprendre discrètement à Ryan son exaspération à propos du comportement du dirlo. Puis elle chuchote : dès qu'on est deux minutes à ne pas s'activer, il croit qu'on glande. Il voit toujours le travail qui n'est pas fait, mais pas celui qui est fait... Bon, à plus ! termine-t-elle en s'éloignant, laissant Ryan regagner son bureau.

– Ah, tiens ! Mansour est avec nous c't' aprèm' ? s'étonne-t-il.

– Enfin ! Je suis là en stage, il est temps que j'apprenne un peu quelque chose, non ?

– Tu es sûr, Mansour ? Je crois qu'Armand n'a pas vraiment percuté…

– Ils sont tous pareils, les patrons. Un stagiaire, ça coûte pas cher et c'est la bonne affaire pour faire les boulots de galère… Et le café, quand c'est une fille. Mais, ce coup-ci, Axel a pris les devants…

– Super ! Ben, quand tu as fini avec lui, si tu veux, j'ai du taf pour toi : le patron m'a demandé de sortir des états sur l'incidence du volcan Ejamachinchouette sur le C.A.

– Eyjafjöll ! Il s'appelle, le volcan.

– Tu parles Islandais ?

– Mes parents sont d'origine islandaise !

– Un black islandais, t'es trop marrant, toi !

– Pas moi, j'ai dit, mes parents !

– Et ils habitent toujours l'Islande ?

– Non, bien sûr. Après avoir vécu quelques années à Liverpool – c'est à ce moment-là qu'ils ont connu ma grand-mère – ils sont venus habiter en France car mon père a eu un poste dans la région.

– Ils ont connu ta grand-mère en Angleterre ?

– Oui, elle est Anglaise.

– Voilà ce qui explique ton goût pour les voyages et le tourisme, tu es un homme international ! Ben moi, tu vois, commence Ryan, je suis Chinois, mon père est Sénégalais et ma mère Indienne !

– C'est ça, tu te fous de moi…

– Ben, et toi, alors ?

– Attends, je t'explique…

– Ah, oui, je voudrais bien savoir comment tu te sors de là !

– Je suis né en Côte d'Ivoire de mère Ghanéenne et de père Ivoirien. Lorsque j'avais 2 ans, ils sont morts… Les problèmes ethniques…Bref… Quant à ma grand-mère, qui s'était amourachée d'un Anglais dans sa jeunesse (le Ghana était une colonie Britannique puis a fait partie du Commonwealth), elle est partie en Angleterre pour essayer de le retrouver après le décès de mon grand-père. Mais en vain. Elle est tout de même restée et a obtenu la nationalité anglaise. Lorsque mes parents sont morts, elle n'a pas pu me faire venir pour me garder car elle disposait de peu de moyens et était déjà malade. Or, dans le berceau des Beatles, elle avait connu un couple d'Islandais qui était venu s'établir là ; elle l'avait aidé à se familiariser avec la ville et ils étaient devenus amis. Ne pouvant avoir d'enfant, ce couple m'a alors adopté pour la grande joie de ma grand-mère qui s'est en allée 2 ans après… Voilà…

– Hé ben, quelle histoire !

– Tu la connais aussi ?

– Qui ?

– Kelly Stuart !

– Non. C'est qui ?

– Une amie qui tient un resto à Londres.

– Décidément, t'es vraiment branché sur l'international, Mansour ! conclut Ryan. Autre chose : Axel, tu sais que notre Miss Nodroit emballe vite fait bien fait ?

– Comment ça ?

– Tout à l'heure, elle avait un client intéressé par une excursion en Amérique du Sud. Elle lui a vendu la Patagonie et, au bout de 30 minutes de papotage (auquel s'est encore mêlé Armand qui connaît le gars), ils ont convenu de partir ensemble… Et elle s'est même fait inviter au resto ce soir !

– Par Armand ?

– Non, le client…

– Euh, Axel ?

– Oui ?

– Ton nom de famille, c'est bien « Eyre » et c'est d'origine anglaise, n'est-ce pas ? demande Mansour, visiblement resté sur le sujet du Royaume Uni.

– Exact.

– Tu n'aurais pas de « Jane Eyre » dans tes ancêtres ?

– Quoi ? Qui dégénère dans mes ancêtres ?

– Mais non, je veux dire : « Jane (Jeanne en français) Eyre » ? C'est une Anglaise.

– Celle de Charlotte Brontë ? Ah, je n'en sais rien. Possible.

– Si tu es d'accord, je demanderai Monsieur Horant, mon voisin, lui c'est un passionné de généalogie.

VIII

« Il n'y a pas de fumet sans phở »
(T. Lê)

— L'Oreste ! Vous êtes là aussi ? Je ne savais pas que vous connaissiez Ange !

— Oh, Camille ! Comment ça va ? Et le petit Minh, qu'il a grandi ! Il cavale bien, dis !

— Il a tout juste 2 ans.

— Et Trinh, bonjour ! Toujours aussi charmante !

— Merci.

— Vous savez, si je suis là, c'est à cause d'Olga ! dit le vieil homme sur un air de confidence.

— Olga ?

— Oui, la maman d'Ange et Aviva... Je l'ai connue dans ma jeunesse quand j'habitais encore en Saône-et-Loire, explique Oreste, une étincelle de nostalgie dans les yeux ; ensuite, je suis parti à l'armée, et nos vies ont pris des chemins différents... 25 ans que je ne l'avais pas revue... et dire qu'un temps, elle a aussi habité en Alsace ! Je l'ai retrouvée par hasard, en faisant les courses, hier ! Elle m'a invité à l'inauguration du restaurant... Elle est aussi seule, maintenant, raconte le sexagénaire dont le visage s'éclaire d'une lueur d'espoir, et… Qui sait ? On a toujours vingt ans dans le cœur, n'est-ce pas ?

Quelques secondes et un sourire d'approbation après :

– Et vous vous souvenez de ma sœur Marie ? demande Camille

– Bien sûr, je la vois là-bas avec un jeune homme.

– Axel, son compagnon… Et le monsieur à côté de moi, c'est Théo Lê, un ami qui habitait dans le quartier ; je crois que vous l'aviez déjà vu, non ?

– Oui, votre visage ne m'est pas inconnu, répond Oreste en serrant la main de Théo. Et c'est votre petite fille, la mignonnette, là ? Elle est grande !

– Elle a six ans… Sa maman est quelque part dans la salle, elle fait le service pour l'occasion et ensuite elle va rejoindre les cuisines.

– Ah, moi aussi je dois aller ! À bientôt ! dit soudain Trinh en s'éloignant.

De nombreuses personnes ont répondu à l'invitation d'Ange pour l'inauguration de son restaurant. Plusieurs groupes se sont formés à l'instar de celui que nous venons de rencontrer. Allons faire un tour.

– À 20 ans, j'étais peut-être aussi un « jeune exalté à neurones » qu'on initialise facilement avec des histoires à dormir debout, mais maintenant, je pense tout seul ! Alors ce qu'ils racontent, ceux-là…

– Vous avez raison ; pourtant, il y a toujours des gens qui gobent ça…

– Qui gobe un œuf, gobe un bœuf !

Un peu plus loin…

– Oh, un bon cuistot n'est pas forcément bedonnant ! Tiens, quand j'ai fait l'école hôtelière, il y avait un chef épais comme une baguette de boulanger. Il faisait une cuisine aussi fine que sa taille et combattait l'utilisation systématique du beurre et de la crème. Il te préparait d'excellents plats, mais alors... Il ne parlait pas, il criait !

Un sanguin ! On l'avait surnommé « Braillard, le chevalier sans beurre et sans brioche ».

– Moi j'ai connu un ancien pilote de chasse à la retraite, un expert de la cuisine à l'os à moelle : il est passé de l'armée de l'air à l'art médullaire !

Ailleurs encore…

– T'as voulu dire quoi, avec ton SMS, là : « gtoqpabzfi » quand j't'ai demandé où t'étais hier ?

– T'es trop nul ! T'as qu'à lire !

Holà !

Et là…

– La statuette là-bas, c'est la Vénus de Milo ?

– Non, elle court. Je dirais plutôt une véloce demi nue.

– Elle court vers un brasero, non ?

– Son mari, peut-être…

Et juste à côté :

– T'as vu les Bleus au Mondial cette année ? Même pas sortis des poules !

– Tu parles ! Ils font déjà pas gaffe à celles dans lesquelles ils entrent !

Bref, les conversations philosophiques habituelles que l'on entend dans ce genre d'occasions. Revenons donc vers le groupe initial.

– Voilà Olga ! s'exclame Oreste, soudain.

– En réalité, Olga n'est pas seule, elle est accompagnée de cinq autres personnes qui descendent avec elle l'escalier de bois en demi-tour qui mène à l'étage. Ange, Mylène, Aviva et deux inconnus en tenue de chef cuisinier suivent la dame puis s'arrêtent à quelques marches du bas, tandis qu'elle continue son chemin pour finalement rejoindre Oreste. L'homme, impatient, s'est déjà frayé un passage entre les invités pour aller à sa rencontre.

– Mes amis, commence Ange, je ne dis pas « Chers amis » sinon vous allez me prendre pour un politicien et croire que je vous raconte des fariboles… (sourires entendus et rires dans la salle). Vous m'avez été fidèles pendant que je tenais le café – certains sont devenus des amis qui m'ont soutenus dans mon projet – et j'ai voulu vous en remercier en vous invitant aujourd'hui à l'inauguration du… Vous découvrirez le nom quand nous dévoilerons l'enseigne. Dès la fin de mon discours, que je vous souhaite bref, nous irons voir ça ; puis les portes s'ouvriront au « public » à partir de 19 heures. J'ai voulu faire un resto original, basé sur le principe du « buffet à volonté », mais avec deux familles culinaires : la cuisine asiatique, dont la cheffe Banh Anh – devant à ma droite – prend les rennes… (Applaudissements). Et la cuisine italienne avec, au commandes, mon pizzaïolo chef : Alonso Litretto – devant à ma gauche, évidemment -. (Applaudissements). Je voudrais qu'un instant, les autres collaborateurs nous rejoignent pour vous les présenter… Ils sont déjà au travail… Les voici… Alors, pour seconder nos chefs en cuisine : Trinh et Anne… (Applaudissements) ; moi-même, j'y donnerai un coup de main, y a pas de raison… Voilà donc pour ce qui concerne le four… Au moulin, c'est ma sœur Aviva – toujours là pour me remplacer, au café, quand je devais m'absenter ou pendant mes congés – qui prend la direction de la salle… (Applaudissements) et j'espère qu'un grand nombre de clients prendront la même direction ! (Sourires commentés) Ils sont à votre service pour vous installer à table, vous apporter les boissons et débarrasser vos assiettes, aussi utiles que des fourmis et précieux que des abeilles : Sacha, Louis et Aude… (Applaudissements)…avec laquelle vous serez indulgent car elle est en apprentissage ; mais j'ai jugé inapproprié de lui faire revêtir un T-shirt avec l'inscription « en formation » sur la poitrine car elle est visiblement déjà formée (Oh ! et Hoho !)… Enfin, au comptoir, ma compagne Mylène préparera les boissons et surtout… tiendra la caisse ! Normal, c'est la patronne ! (Rires et applaudissements).

Venons-en à ce qu'il y aura dans l'assiette : nous avons souhaité proposer une gamme volontairement restreinte de plats, mais rapidement préparés, goûteux et de qualité. Vous pourrez donc choisir vos ingrédients frais dans la desserte centrale et composer vos plats, et vous irez ensuite vous faire cuire un œuf … si vous en avez choisi un… (Rires) ou plutôt votre plat asiatique au wok d'Anh ou votre pizza chez Alonso… Evitez d'inverser – même si j'ai confiance en eux – (Rires)... Voilà pour les présentations. Avant de sortir pour dévoiler l'enseigne, j'aurais aimé porter un toast – c'est léger – mais je n'ai pas de pain grillé ; alors je vais lever mon verre… Je n'en ai pas non plus… Merci Sacha… Je lève donc mon verre, d'abord à vous, qui m'avez été fidèles, à ma compagne et ma sœur qui m'ont constamment soutenu dans mon entreprise et à ce lieu, en souhaitant qu'il rencontre le succès ! (« Santés », « tchins » et presque silence, on boit). Le moment est venu de sortir pour allumer l'enseigne à défaut de couper le ruban ; après quoi, Aviva et son équipe vous indiqueront vos tables. Si la place ne vous convient pas, on vous aidera à trouver un endroit plus à votre convenance. Maintenant, allons-y ! invite Ange en tendant le bras en signe de ralliement.

Dehors, les convives ne peuvent que constater un panneau grisé d'environ 3 mètres de long sur 80 cm de haut, intégré dans le haut de la devanture vitrée, en lieu et place d'une enseigne lumineuse traditionnelle. Il s'agit, en fait, d'un écran plat à LEDs. Ange tient une télécommande à la main et, après un bref compte à rebours, actionne un bouton. L'écran s'allume, laissant apparaître en gros lettrages le nom du restaurant : « Le Wokizza ». On applaudit. Dix secondes après, le nom disparaît pour laisser place à une vue animée de l'intérieur de l'établissement dans laquelle viennent s'incruster, sur les côtés, les bustes d'Anh et d'Alonso en train de s'affairer à leurs postes. Enfin, après dix nouvelles secondes, les images s'estompent au profit de l'enseigne « Wokizza » qui clignote 3 fois puis se fixe pour une nouvelle période et ainsi de suite… Après de nouveaux applaudissements, Ange propose à tout le monde d'entrer pour manger et se réchauffer car « il fait bien frais pour un mois de mai ».

Il est près de 19 heures ; Frank arrive justement et salue le patron qu'il rattrape alors que ce dernier s'apprête à franchir la porte.

— Ah, Frank ! Te voilà ! Tu avais réservé pour deux, non ? demande Ange en faisant mine de chercher une supposée accompagnatrice de son ami.

— Nous avons rendez-vous à 19 heures, en principe elle ne devrait pas tarder…

— *Elle*, c'est qui ? On peut savoir ?

— Je l'ai rencontrée dans une agence de voyages… Je te la présenterai.

— OK. Tu l'attends dehors, je suppose ? Quant à moi, je rentre rejoindre mon poste.

— Fais, fais, mon Ange !

La trotteuse n'a pas accompli un tour, qu'une voix interpelle l'homme entrain d'admirer l'enseigne sur le trottoir :

— Bonsoir, Frank…

— Oh, dites-moi, vous êtes ponctuelle, Pia !

— Vous aussi !

— Vous voyez, ils viennent d'inaugurer le resto… Regardez là-haut, dit Frank en indiquant l'écran.

— « Le Wokizza » !? On y mange quoi ?

— Vous préférez manger chinois ou italien ?

— Les deux !

— Alors, ça devrait vous plaire ! conclut Frank en l'invitant à entrer.

À l'intérieur, Ange salue encore quelques personnes dont Gordon Ramsay qui s'est trompé de resto et, tout en vérifiant au passage la bonne marche des choses, disparaît en cuisine.

Tandis que les premiers clients arrivent, la plupart des invités sont déjà attablés, commandant les boissons ; Oreste et Olga discutent avec Aviva pour changer de place, craignant les courants d'air générés par le va-et-vient de la porte ; d'autres, les plus rapides (ou les plus affamés), composent à présent leur assiette, et d'aucuns patientent même, soit devant le wok où Anh fait sauter des ingrédients dans sa grosse poêle conique léchée par les flammes, soit devant Alonso qui, après avoir étalé les pâtons, fait tourner les disques au bout de ses doigts tout en interrogeant l'amateur sur son choix d'assaisonnement. Pia et Frank se dirigent vers le bout de la salle, à proximité du four à pizza. Axel – qu'elle n'a pas vu car il est assis dos à l'entrée – a pris place à table avec Marie, rejoints par Camille et son petit Minh dont la maman œuvre en cuisine où la main d'œuvre est à pied d'œuvre pour préparer non pas des hors d'œuvres ou un chef d'œuvre, mais les ingrédients mis en œuvre par les chefs. Trinh a accepté au pied levé de donner un coup de main à Ange, la personne engagée préalablement s'étant désistée l'avant-veille. Elle occupera ce poste à temps partiel pendant deux semaines, jusqu'à l'engagement d'un nouvel employé, à moins que cela ne lui plaise de rester… Théo et Marthe, elle aussi privée de sa maman qui travaille aux côtés de Trinh, se sont assis à leur table. Louis vient prendre la commande des boissons.

– Je prendrai un jus de fruits, commence Marie.

– Moi un cynar bière, choisit Axel.

– Quoi ? Un cynar ? s'étonne Marie.

– Ben oui ! Et alors

– Mais tu n'en bois jamais, d'habitude ! insiste-t-elle en fronçant les sourcils.

– Je sais. C'est Ryan qui m'a dit que c'est bon ; il en prend toujours à l'apéro… Mais quel est le problème ?

– Y a que l'autre con, le Gilles, il buvait toujours ça !

— Que veux-tu, dit Camille avec un sourire taquin, les artichauts ont du cœur et les fruits de la passion !

— Oh, ça va, toi, hein…

— Bon, allez, on va pas s'énerver aujourd'hui… Je prends une simple pression, pour détendre l'atmosphère… décide Axel.

— Moi aussi, ajoute Théo.

— Idem pour moi, continue Camille. Et toi, un jus de fruits, Minh ?

— Oui, mangue !

— Comme maman, hein !

— Et toi, Marthe ?

— Un diabolo menthe.

— Très bien, c'est noté, je vous apporte ça tout de suite dit Louis en s'éloignant.

— Et vous mangez quoi, pizza ou wok ? demande Camille.

Marie, Axel et Théo choisissent la cuisine asiatique, tandis que Camille accompagne les enfants pour constituer leur pizza. Après avoir sélectionné leurs ingrédients, ils vont attendre leur tour devant le four. Ange, en train de discuter à une table voisine, aperçoit Camille :

— Camille, tu as une seconde ? Viens, pose les assiettes ici… Je te présente Frank…

— Frank ?

— Haudeport…

— Salut !

— C'est lui qui avait acheté l'appartement de Démis…

— Ah, oui, ça y est… C'est grâce à vous qu'on avait retrouvé sa trace, à Démis…

— Et voici Pia.

— Bonjour.

— Et ce jeune homme, c'est Camille.

— L'homme à la perruche rouge, non ? demande Frank.

— Exactement.

— Vous l'avez toujours ?

– Une descendante…

– Et ce sont vos enfants ? demande Pia.

– Le garçon, oui, il s'appelle Minh. Marthe, c'est la fille d'une cousine de ma femme.

– Ils sont mignons… Mais ce qui est frappant, ce sont les yeux bleus de Minh alors qu'il a un visage très asiatique, non ?

– Oui. Ma mère est une métisse eurasienne et trois générations avant, dans la famille de la maman de Minh, il y a eu un Européen. Un gène bleu a donc fait son chemin discrètement jusqu'à rencontrer son homologue chez moi, et voilà !

– Tonton, on va chez le guignolo, j'ai faim ! demande la petite voix de Marthe, provoquant des rires attendris.

– On ne dit pas « guignolo », mais « pizzaïolo » ! rectifie Camille puis il ajoute : oui on y va tout de suite… On va vous laisser…

– Pas de souci, nous aussi on va y aller, répond Frank, approuvé par Pia.

– *Combien de fois faut-il vous le dire avec style…*

– Mon portable, excusez-moi… Oui ? Hymane ? Oui… Au resto… Si ! … Oui, on verra… Ciao, à demain aprèm ! Une amie, dit Pia en rangeant l'appareil.

Ils se lèvent, prennent des assiettes pour aller se servir.

– Célibataire ? demande Frank ?

– Oui, pourquoi ? Vous vous intéressez aux célibataires ?

– Non. Enfin si… À une en particulier, répond Frank, en appuyant son regard dans les yeux marrons de Pia, lui faisant monter le rose aux joues.

Ils restent un instant silencieux.

– Pourquoi avez-vous demandé si mon amie est célibataire, au fait ?

– Je me dis qu'elle ne va pas tenir en place jusqu'à demain.

– Pourquoi ?

– Jusqu'à ce que vous vous voyiez, toutes les deux, et que vous lui racontiez votre soirée !

– Oh ! Vous avez entendu la conversation ?

– Non… Une intuition !

– C'est plutôt féminin, ça… Mais elle est bonne !

– Qui ? demande innocemment Franck.

– On ne dit pas « qui », mais « quoi », rectifie Pia avant de rajouter : tout à fait masculin comme réaction !

– Pardon. Qu'est-ce qui est « bonne » ?

– Votre intuition !

– Ah, vous voyez !

– Qui ? demande innocemment Pia.

– On ne dit pas « qui », mais « quoi », rectifie Franck.

– Ah !? Alors, quoi ?

– Un homme peut aussi avoir de l'intuition !

– C'est là une part de féminité ! explique Pia en riant, rejointe dans cette bonne humeur par Frank ; puis elle précise : je ne suis pas féministe, vous savez…

– Moi non plus.

– C'est rare pour un homme…

– Je veux dire, je ne suis pas macho.

Tous deux rient de leurs taquineries réciproques.

– Vous souhaitez quelle sauce ? demande une voix, les tirant de leur univers. Ils lèvent la tête pour choisir l'une des options figurant sur le tableau accroché au-dessus de l'espace de cuisson.

– Aigre-douce, pour moi, répond Pia

– Piquante, pour moi, ajoute Frank en tendant son assiette à Anh qui fait sauter viandes et légumes dans son wok léché par les flammes avec les gestes rapides et rodés du professionnel de la cuisine asiatique.

– Après avoir récupéré leurs assiettes, ils se dirigent vers la desserte centrale pour se servir en accompagnements et sauces.

– On pourrait peut-être se tutoyer, non ? suggère Frank.

– Pas de souci ! acquiesce Pia en attrapant un flacon tandis que Frank se sert en riz nature.

– Viens, je vais te la mettre, propose ce dernier.

– Oui.

– Comme ça ?

– Encore… Oui, là, c'est bon, arrête !

– Tu as peur que ce soit trop fort ?

– Je n'ai pas trop l'habitude.

– C'est pour cela que je te l'ai mise sur le côté, tu y tremperas les morceaux plus ou moins, selon ton goût.

– Merci. Je prends juste du riz cantonnais… Voilà, on peut aller s'asseoir.

Le dîner en tête-à-tête se poursuit jusque tard dans la soirée, les assiettes se regarnissant plusieurs fois en spécialités asiatiques diverses pour se terminer avec un dessert qu'ils composent de nougats et glaces, seule touche quelque peu occidentale apportée à leur repas..

IX

« Tu as la forme, dis donc ! – Toi tu as celles qui me la donne ! »

(R. Elder – A. Lure)

— Je crois que j'ai exagéré, hier soir.

— Ah bon ? Raconte… c'est croustillant ? demande Hymane, les yeux pétillants.

— Y a des trucs, oui ; mais c'était de toutes façons délicieux, répond Pia, avec un air de ne pas y toucher.

— Oh, dis ! À ce point ? s'étonne Hymane dont la curiosité ne cesse de grandir.

— En tous cas, j'en garderai un bon souvenir…

— Mais, tu ne vas plus revoir le gars ?

— Si. On doit se revoir la semaine prochaine.

— Ah ! Je me disais aussi… Mais alors, raconte !

— Comme je t'ai dit, j'ai trop mangé…

— Mais pas ça ! s'impatiente Hymane ; avec Frank, quoi !

— Ah, c'est un gars sympa, avec qui il me semble avoir des atomes crochus…. Continue Pia, énigmatique.

— Et il fait quoi, dans la vie ?

— Garagiste.

— Ça, c'est impeccable quand on a une voiture, surtout quand elle tombe en panne !

– Toi, tu as toujours le sens pratique, hein ! s'exclame Pia en riant.

– Bon ; mais, pour hier soir, avec Frank, tu n'as rien à raconter ?

– Je te l'ai déjà dit ! On a passé une bonne soirée !

– Ahaa ! Alors, chez… lui ou chez toi ?

– Chacun chez soi ! Quand même ! On venait de se rencontrer dans l'après-midi ; ça aurait un peu été rapide… Je ne veux pas passer pour une fille facile !

– Oh, tu sais, de nos jours….

– Ben non, tu vois, on a été sages. En plus, c'est une relation qui peut se développer, durer… Alors pas de précipitation.

– Après tout, tu as raison. Mais si toi, tu as trop mangé, moi, je reste sur ma faim ! conclut Hymane.

– En tout cas, il a de l'intuition…

– Pourquoi tu dis ça ?

– Comme ça… Bah, allez ! Il faut savoir patienter…. Au fait, moi je voulais aller en ville…

– Si tu veux, on y va ensemble.

– Fanny ne devait pas passer le week-end chez toi ?

– Si, mais elle a reporté à dans quinze jours.

– Alors, hop ! On y va !

Les deux amies sortent et prennent le chemin du centre ville, passant par les ruelles où de nombreux commerces ont baissé le rideau, slalomant par endroits entre les odorants témoignages de passages canins ; quelque café où commerce de kebab survivant laisse échapper les discussions de la clientèle par les fenêtres grand ouvertes ; puis, à l'approche de la vieille Place de la Réunion, l'atmosphère se fait un peu plus vivante.

– Au fait, tu veux acheter quelque chose ? demande Hymane.

– Un livre…. Pour Frank ; il a son anniversaire la semaine prochaine…

– Haha ! Quel âge ? demande la curieuse.
– 34.
– Pas trop vieux, alors…
– Ça va, toi aussi t'as le « 3 » devant !
– Et toi l'an prochain !
– M'gène pas !
– T'as bien raison…
– On a bien fait de venir à pied… continue Pia en changeant de sujet pour éviter de nouvelles questions.
– Oui, il fait beau et ça nous fait un peu d'exercice !
– Comme dans le sketch de Sénèque + Ultra. Justement, Frank les aime bien ; tu connais ?
– Oui, j'en ai déjà entendu sur Cerumen… J'aime bien celui sur le jardinage.
– Ah ? J'ai pas encore entendu celui-là. Mon préféré c'est « Et Laon »… Il parait qu'il y a un recueil de leurs sketches ; je me suis dit que je dois pouvoir trouver ça dans l'une des librairies du coin.

Et vous ? Les connaissez-vous ? Dans l'affirmative, vous pouvez directement passer au chapitre suivant (mais ce n'est pas une obligation), dans le cas contraire, restons en compagnie de ces deux gars-là et voyons le tableau, s'il impressionne :

- *Qu'est-ce qui vous arrive ?*
- *Je me suis foulé la cheville en descendant les escaliers ; l'ascenseur était en panne.*
- *Hé ben, c'est pas à moi que ça arriverait, ça !*
- *Pourquoi ? Votre ascenseur ne tombe jamais en panne ?*
- *Non ; il n'y en a pas dans l'immeuble où j'habite.*
- *Chez nous il y en a un, l'immeuble fait 10 étages !*
- *Vous habitez au 10ème ?*
- *Non, au premier.*

- *Moi, au 3ème. Tous les jours je monte et je descends à pied.*
- *Alors vous êtes habitué, vous ne risquez pas de vous fouler.*
- *C'est un entraînement. Au début j'ai commencé marche par marche : un pied... puis ramener l'autre à côté, puis rebelote, et ainsi de suite jusqu'en bas. Ensuite, quand j'ai été sûr de moi, je suis descendu une marche après l'autre, un pied après l'autre.*
- *Et vous avez commencé il y a longtemps ?*
- *Vers l'âge de 2 ans !*
- *Evidemment....*
- *Mais ça va être difficile de rouler à vélo, avec votre cheville dans cet état !*
- *Non, car je n'ai pas de vélo.*
- *Moi, je l'utilise pour aller au boulot ; l'usine est à 2 km, alors, à pied, c'est un peu loin...*
- *Moi, je vais en voiture. Les bureaux sont à 500 m ; mais on fait du covoiturage avec les collègues : à midi on va manger à la cafétéria, au bout de la rue, et chacun roule à son tour pour emmener les autres ; c'est mieux pour l'environnement. En plus, je viens de changer de voiture ; j'ai acheté un modèle avec pack électrique et tout le confort. Ça change d'avant ! Même que j'appréciais déjà le lève-vitre électrique ; c'est si pratique pour aller au drive !*
- *Moi, je prends la voiture pour les courses, et le dimanche, avec les enfants : on va se garer dans un village au pied de la montagne et on grimpe les sentiers forestier ; comme ça, on prend un bon bol d'oxygène, on fait de l'exercice et on voit plein de choses surprenantes dans la nature.*
- *Oh, c'est pas mon truc, ça !...*
- *Vous n'appréciez pas la nature ?*

- *Oh si, bien sûr : je regardais souvent Thalassa ou Ushuaia et, en ce moment, c'est Koh Lanta ! Qu'est qu'ils en chient ! L'autre jour ils ont mangé des trucs... je vous dis pas ; ça m'a carrément coupé l'envie de terminer ma pizza !*
- *Je pense quand même que vous devriez faire de l'exercice...*
- *Mais j'en fais ! Figurez-vous que je me suis inscrit à un club !*
- *De foot ?*
- *Non, de fitness ! D'ailleurs, c'est en voulant me dépêcher pour aller à mon rendez-vous avec mon coach, au club, que je me suis foulé ! Et vous savez, quand vous avez réservé une séance, vous devez la payer, même si vous n'y allez pas !*
- *Hé ben, c'est pas à moi que ça arriverait, ça !*

Parmi la foule qui applaudit puis se lève pour regagner la sortie de la salle, Jean essaye de se frayer un passage vers les coulisses en se disant « qu'il faut quand même du talent pour arriver à faire passer un tel texte ; ce n'est pas le meilleur que j'aie écrit ». Dans les loges, il retrouve le duo d'humoristes en conversation avec Cécil-Henry – dont nous avons déjà parlé – et les salue.

– Jean, tu es venu ! s'exclame l'artiste répondant au pseudonyme d'« Ultra ».

– Oui, j'avais encore un peu de temps avant de reprendre la route, alors j'ai pensé venir voir votre dernière prestation de la semaine !

– C'est sympa, merci.... Alors toi, tu repars vers l'est et nous, vers l'ouest...

– À Paris, c'est ça ?

– Ouais, une représentation dans 2 jours.

– Eh ben, bon vent !... leur souhaite Jean en leur serrant la main, et merci pour votre talent !

    – On est bien servis en textes ! lance encore le duettiste Sénèque en souriant à l'auteur qui s'éloigne.

Jean se hâte ; 240 km de route l'attendent et il n'entend pas s'arrêter 36 fois en chemin ; cela lui ferait des étapes de 6,66 km ! Mais gare aux radars que la force publique place toujours de façon à piéger les automobilistes imprudents et non pour réduire le nombre d'accidents ! En revanche, il a toujours la possibilité de coller au cul de la charrette qui n'avance pas assez vite sur l'autoroute, pour la « pousser » et la doubler ; il ne risque pas grand-chose hormis un accident grave ; mais cela, il ne le fait pas car il n'est ni inconscient ni un con sciemment.

X

*« La route défie l'espace temps en allant instantanément
d'un point à un autre sans bouger »*
(R. Elder)

Le trajet ne lui a pas semblé bien long : il a égayé la
piste de macadam en écoutant la station Cerumen FM sur
les ondes de laquelle, impertinence, humour et musique se
succèdent ou bien se mêlent, selon les émissions. Les aléas
de la circulation ont également participé de la distraction
en ayant suscité chez lui diverses réflexions et tiré les
commentaires conséquents de la bouche, au point de
rappeler Démis, un célèbre râleur qu'il n'a jamais
rencontré, mais dont nous avons déjà entendu parler dans
une autre histoire.
Il a passé dans les nids-de-poule qui traversent la route
pour aller à l'école comme en atteste les panneaux
avertisseurs « trous en formation », effectué des tours de
manège dans les ronds-points où les indications de
direction font subitement défaut, presque senti dans sa
nuque le souffle du conducteur le suivant alors qu'il
refusait de dépasser la limitation de vitesse, repéré les
marques de voitures dont les feux clignotants sont
inopérants ou en option, franchi deux voies pour doubler le
lonesome cowboy qui circule perpétuellement sur la voie

centrale, freiné brutalement lorsque le véhicule devant lui a fait un écart sur la gauche pour tourner dans une rue à droite tel un poids lourd avec semi-remorque, patienté nerveusement derrière un camion qui doublait un autre en raison d'une différence de vitesse environ égale à 2 km/h, et ainsi de suite, ponctuant les événements d'interjections et autres apostrophes dont il est inutile de dresser la liste puisque chacun de nous en possède une copie dans le cerveau.

Finalement, la route, il l'a faite d'une traite. Pouët ! Pouët !

*

Tout en buvant son café, il se remémore son séjour à Montigny-lès-Metz ; une promenade qui lui suggère quelques idées et formules, la matière première servant à l'élaboration de nouveaux sketches ; il s'empresse de les noter en vrac, griffonnant l'essentiel sur des fiches qu'il saisira ultérieurement.

Sa rêverie s'interrompt sur un coup de sonnette d'Axel. Il sait que c'est lui. Bon, allez, on n'est jamais sûr de rien, mais il y a 99% de chances que ce soit lui. Pourtant Jean n'est pas voyant. Ni malvoyant. Alors comment peut-il être sûr à ce point de l'identité du visiteur ? Eh bien, je vais vous le dire. Si. Voilà : Axel lui a téléphoné une heure auparavant !

— Salut Axel ! Ça va ?

— Salut Jean. Pas mal ! Et toi ? Ça s'est bien passé en Moselle ?

— Impec ! Heureusement, cette fois, personne n'est mort de rire !

— C'était pas drôle ? s'étonne Axel.

— Si, justement ! Mais, au moins, tout le monde est reparti vivant !

— Pourquoi ? Le spectacle est dangereux ?

— Presque ! Tu n'as pas entendu parler de leur dernière représentation ?

— Non…

— Un type a éclaté de rire ! C'est parti dans tous les sens ! Un autre a reçu un éclat de rire en pleine gorge, dans l'artère carotide et hop ! Fini ! 2 morts !

— C'est sauvage, quand même ! Il aurait pu étouffer de rire, ça aurait fait moins de dégâts !

— Un simple pouf de rire, il aurait survécu, et on se serait assis dessus, conclue Jean… Mais tu es venu seul ? Et Marie ?

— Elle attend.

— Qui ?

— Un bébé.

— Elle en a pour neuf mois !

— Non, une heure.

— C'est Flash Gordon ou toi qui lui a fait ?

— Personne.

— Ah oui, elle est Vierge. Mais, Ste Marie II, j'y crois pas. Déjà pas la I… Alors, c'est quoi l'astuce ? demande Jean en tendant une tasse de café à Axel.

— Elle garde Minh cet après-midi. Camille et Trinh sortent se faire une toile en amoureux. Comme Marie est partie au supermarché, j'en profite pour te rendre une petite visite…

— Minh a deux ans, c'est plus vraiment un bébé…

— Quand même… Et c'était pour te faire marcher… Quand j'ai vu ton visage étonné !… commente Axel en riant.

— Et alors ? Vous avez l'âge, non ? D'ailleurs ça m'étonne qu'il n'y ait encore rien en route !

— Qui sait !

— Ah ?!

— Chut…

— Oho !

— Mhmh !

— Hé hé...

— Méééé....

— Ah ?

— Psss...

On en vient à croire que ces deux énergumènes ne savent plus parler. D'autre part, nous sommes dans la maison de Jean, antre de bizarrerie où un dialogue d'onomatopées peut jaillir aussi naturellement que l'eau dans une histoire d'« Happy Rotter à l'école des sourciers ». Et ce n'est pas tout, voyez la suite :

— Et ton énigme, Axel ?

— Oh, pas grand chose de plus depuis la dernière fois. Il n'y a d'ailleurs guère que toi et Camille pour m'en parler, mais...

— Je pense que tu finiras par trouver, coupe Jean, creuse un peu du côté du Vietnam...

— Tiens tiens ! Le Vietnam ? Qu'est-ce qui te fait dire ça ?

— Une intuition.

— Mais encore ?

— Je ne peux pas t'en dire plus... lâche Jean, énigmatique.

— Et pourquoi ?

— Ça risquerait d'influencer les événements et de changer le résultat final... Déjà là, j'en ai trop dit, déclare Jean en se levant pour aller chercher une boisson.

— J'ai du mal à te suivre...

— Ça ne fait rien, reste assis, j'en ai pour deux secondes...

Jean file (à la cuisine et moi une veste). Trente secondes après (comme quoi, le temps, hein...), Jean revient (et moi, toujours pas).

— Mais ton intuition, là... reprend Axel.

— Camille ne t'a jamais rien raconté à mon sujet ?

— Ben, à part que, chez toi, on est dans un univers peu ordinaire...

– Et d'aller-retour dans le futur ? demande Jean en revenant s'asseoir, un sourcil haussé.

– Avec une « De Lorean »?

– Non, pas « Retour vers le futur », mais de brefs sauts dans l'avenir…

– Non, pas spécialement… Quoique… un jour, il m'a raconté une histoire bizarre avec un facteur et un colis… Je ne sais plus… Pourquoi ? Tu voyages dans le temps ?

– En fait, ça m'était arrivé lorsque j'habitais dans l'ancien appartement, et je pensais qu'après avoir déménagé, ça ne se reproduirait plus. Mais non, ça m'est de nouveau arrivé, pas plus tard qu'en début de cette semaine, avant de partir pour Montigny. Je m'en suis rendu compte après être sorti : il faisait inhabituellement chaud ; j'ai entendu des gens dire que le mois d'août avait bien commencé ; puis je t'ai rencontré dans le quartier ; tu m'as dit que tu avais résolu l'énigme, que cela se passait au Vietnam…

– Ah, voilà ! dit Axel, incrédule en jetant un œil par la fenêtre. Tu gamberges beaucoup en ce moment ?

– Pas plus que d'habitude… Mais, tu n'es pas obligé de me croire…

– Alors, dis m'en plus !

– Impossible … J'ai d'ailleurs déjà trop parlé ; ça augmenterait le risque de modifier l'avenir au point que, finalement, les choses se termineraient de façon contraire… Tu saisis ?

– Oui… Bon… dit Axel en mimant de la main le mouvement des vagues pour manifester son incrédulité… Cela étant, j'allais te dire, tout à l'heure, que j'ai découvert – en faisant une pré-étude pour le circuit au Vietnam que je dois concocter – qu'à la date indiquée dans l'énigme, il y a eu une éclipse du soleil observée depuis Mui Né, au Vietnam, précisément…

– Tu vois… conclut Jean en ouvrant les paumes vers le ciel pour indiquer l'évidence. Axel semble soudain attiré par quelque chose, au-dehors.

– Oh !

– Quoi ?

– Là !

– Quoi, là ?

– Moi !

– Où ?

– Dehors !

– Mais non… tu n'as pas cette démarche.

– Ah ?

– Tu t'es déjà vu marcher ?

– Non.

– Alors, crois moi ; le type qui s'éloigne porte des vêtements comme les tiens, mais ce n'est pas toi. D'ailleurs c'est un voisin.

– J'espère ! lâche Axel, les yeux arrondis.

Cette histoire de Jean, de faire des va-et-vient dans le futur avec son appartement, et la sensation d'avoir cru se voir ailleurs que dans un miroir, semble l'avoir tout de même troublé ; il y a de quoi, non ?

Oh ! Méfiance ! Je succombe une nouvelle fois au syndrome de « chez Jean ». Vous aussi, si un jour vous lui rendez visite, vous risquerez d'en être victime. Mais, ne vous inquiétez pas, dès que vous repartirez, cela disparaîtra ; tout au plus quelques effets secondaires pourront se faire sentir pendant un certain temps, après quoi il n'y paraîtra plus, n'ayez crainte ; même si quelques traces peuvent encore subsister, ne vous affolez pas, selon l'état actuel de nos connaissances, on peut dire que cela n'a pas d'influence sur votre état de santé.

Je vous rassure, voyez-vous, alors profitez-en, c'est gratuit. C'est l'assurance qui est payante. Voire chère. Et nous avons vraiment besoin d'être rassurés (et assurés) de nos jours, tant nous vivons dans un monde sauvage. Ce n'est plus comme au bon vieux temps de la préhistoire : l'homo sapiens (simplement ou doublement) vivait alors tranquillement, se levant avec le soleil, admirant les beautés de la nature puis, se saisissant de sa lance à pointe de silex et, plus tard, à pointe de fer, partait chasser l'aurochs avec ses compagnons pour assurer les repas de la famille et du clan. Certes, il arrivait que l'un d'eux périsse piétiné par un mammouth sans éducation, un autre dévoré par un fauve à dents de sabre ou encore empalé dans un piège à ours voire, rentrant chez lui, qu'il succombât au combat contre un individu du Clan de la Plaine trouvé en présence de sa compagne. Car le Clan de la Plaine avait découvert l'élevage, ce qui lui dégageait un peu de temps de loisirs qu'il mettait à profit pour aller rendre visite aux femmes du Clan des Collines pendant que leurs hommes coursaient la gazelle. Bref, tout cela ne revêtait que peu d'importance, ce n'étaient que petits soucis du quotidien ; tandis qu'aujourd'hui… ! Aujourd'hui ! Il ne se passe pas un jour sans que l'on risque de s'écorcher la main en tentant d'ouvrir une boite de conserves, de s'en mordre les doigts d'avoir acheté un énorme fromage déjà coulant – parce qu'il était en promo – sans vérifier la DLC, de partir avec la voiture dans le décor pour l'une des raisons déjà évoquées 6 pages plus haut, de se faire sucer le sang par la grande distribution ou les pétroliers abusant de leur position dominante, de croire en des promesses électorales qui ne seront pas tenues, pire, dont leur auteur fera le contraire…. Mais je m'égare comme on dit à la SNCF lorsque le chef de gare siffle au passage de l'arrière-train d'une ravissante voyageuse trottinant sur le quai, une môme jolie à ranimer la voix de Ferré.

Revenons donc à notre sujet. Nous étions chez Jean, en sa compagnie et celle d'Axel.

Or il advint, alors que je digressais au mammouth, que nos deux personnages levèrent le camp. L'un pour rentrer chez lui, l'autre pour aller vaquer à quelque occupation sur laquelle nous nous garderons de jeter un œil par souci de discrétion. Il n'est d'ailleurs pas très recommandable de trop jeter ses yeux n'importe où. Ils risquent de se retrouver cernés voire violacés. Cernés par une nuit passée à regarder les réalisations de webcameramen ; cernés par la police si l'on a tenté le diable au volant ; violacés après un coup d'œil sous la jupe d'une fille dont le gars se trouvait dans les parages… Et ce n'est là qu'un petit échantillon de possibilités. En tout cas, pensez-y la prochaine fois que vous voudrez jeter un oeil ou que vous croiserez quelqu'un orné de cernes sous les yeux.

Et maintenant ? Passons au chapitre suivant.

XI

« M.O.M.N.U.L.I.N.O. »
(P. Kub, questions pour « squizz Me »)

— Oh tu as les yeux cernés, toi ; tu es sûre que tu vas bien ? demande Hymane en accompagnant sa copine vers la sortie du hall de gare.

— Oui, oui ! Une petite gastro pendant la semaine et surtout, hier soir, j'ai mal dormi. Je suis toujours un peu stressée avant un voyage ; même un petit voyage, explique Fanny en rangeant sa valisette dans le coffre de la voiture.

— Bon, ben on va voir à te requinquer pendant ces deux jours ! D'abord, on va chez moi pour que tu puisses te poser, et ensuite, je te propose d'aller prendre un p'tit dèj' au moulin ; comme il n'est pas tard, nous seront tôt au logis.

— Dans un moulin ?

— En fait, c'est une boulangerie qui a été reconstruite en imitant une forme de moulin. On peut y prendre un café ou y déjeuner. C'est sympa. Décor à l'ancienne avec du bois partout et, à l'extérieur, une aire avec pelouse, des arbres et des tables pour les amateurs de plein air, raconte Hymane tout en roulant.

— Ça se trouve au centre ville ?

93

– Non, en périphérie.

– Je demandais ça car, selon ta sœur, comme tu dis, le centre ville de Mulhouse est une sorte de grand café avec terrasse et des musées autour.

– Oui, mais l'endroit où je t'emmène est plus sympa et agréable… D'ailleurs, en ville, y a toujours quelque chose qui manque ; soit tu peux boire un verre, mais tu ne vois que des pavés et des parasols, ou bien tu peux te promener dans des endroits verts, ombragés et agréables comme des parcs ou le long de l'Ill, mais sans commerce pour acheter un truc à grignoter ou à boire. En plus, si tu veux t'asseoir au centre ville avec un sandwich ou une glace, il n'y a bien que les marches de l'église en plein cagnard. Sinon, il y a les chaises des cafés, mais là, tu dois consommer ce qu'ils te vendent, eux… Bon, voilà, on est arrivé, termine Hymane.

Une fois à l'étage, celle-ci propose la chambre d'Hélène à Fanny, lui fait faire le tour de l'appartement puis, l'invitant à s'asseoir, lui fait part du programme qu'elle a concocté :

– Alors, tout à l'heure : petit dèj', ensuite, si tu veux, visite à Electropolis ; midi, une choucroute maison ! Tout est prêt, j'ai juste à faire cuire quand on revient vers 11 heures et demie, précise Hymane en montrant la cocotte sur la gazinière. On pourra manger vers 13 heures. Dans l'après-midi, promenade en ville ou ailleurs, on verra. Je te propose un resto pour la soirée. Pour demain, visite du zoo et du musée de l'auto si on se lève tôt. Voilà. Après, bien sûr on peut moduler ou tout changer si ça ne te convient pas… sauf, peut-être, la choucroute…

– Ça m'a l'air impec ! Tu n'as pas oublié notre discussion quant tu étais venue chez moi, je vois ! Mais, attends, je vais quand même commencer par te donner quelque chose, dit Fanny en allant dans la chambre récupérer son bagage. Tu sais que j'ai un oncle, au Vietnam ; il m'a envoyé des choses que j'ai reçues cette semaine ; heureusement, car dans le lot, il y a un cadeau pour toi, termine-t-elle en extrayant un paquet de forme allongée qu'elle tend à Hymane.

Celle-ci le déballe dans la foulée.

– Oh, un éventail chinois !

– Vietnamien !

– Oui, excuse-moi… Il est magnifique… c'est comme celui que j'avais vu chez toi ! Merci beaucoup s'exclame Hymane en embrassant son amie.

– À propos du programme, justement, si on pouvait trouver un moment pour aller dans un café… « Chez Ange », si tu connais. C'est mon oncle qui m'a demandé de remettre au patron une bouteille que j'ai également emportée dans mes bagages.

– « Chez Ange », tu dis ?

– Oui.

– Ça va être difficile, le café est fermé !

– Zut ! Il rouvre quand ?

– C'est définitif ; il y a maintenant un resto à la place, avec un autre patron.

– Re-zut ! C'est trop con !

– Mais, si c'est un cadeau pour le patron, on doit pouvoir le retrouver, car Hélène, qui allait de temps à autres là-bas, m'a dit qu'il devait ouvrir un nouveau resto. Je ne sais pas si c'est fait ; on demandera ma sœur…

– Ce serait vraiment cool.

– Bon, en attendant, allons au moulin ; j'ai pas encore pris de café et toi, tu as certainement aussi un creux… Tu t'es levée tôt, non, pour prendre le train ?

– Exact !

– Alors, hopla !

Toutes deux sont restées à l'intérieur, le ciel menaçant d'arroser cet avant-dernier dimanche matin de mai. Montées à l'étage par l'escalier en colimaçon – l'accession par accrochage aux ailes du moulin étant interdite – elles ont prit place à proximité d'une petite fenêtre laissant pénétrer la lumière du soleil qui se tamise dans la semi-pénombre des lieux où le bois évoque une atmosphère d'antan, donnant l'impression de se trouver dans le moulin d'Alphonse Daudet, si on ne l'a jamais vu ni lu les lettres de son propriétaire.

— Tu penses qu'il va pleuvoir ? demande Fanny.

— La météo a annoncé des orages, et tu as vu les nuages qui arrivent par la montagne… J'espère que ça passera vite, déjà qu'on commence enfin à avoir du beau temps et un peu de chaleur ! répond Hymane avec une petite moue ; puis, s'adressant à l'apprenti boulanger qui, le visage enfariné, vient apporter les cafés qu'elles n'avaient pu immédiatement emporter en raison d'un problème technique avec la machine : merci jeune homme.

— *Buddy you're a young man…*

— Mon téléphone. Sûrement Hélène… Allo ? Oui… Je m'en doutais. Oui, elle est bien arrivée… Au fait, puisque je t'ai, là, tu te souviens, le café « Chez Ange », tu as dit que le patron allait ouvrir un resto… Tu sais quelque chose de neuf ?... Ah ?... Bon, merci… OK, à demain.

— Elle ne rentre pas ?

— Non. C'était prévu, elle vient de confirmer qu'elle reste chez son copain… Pour le cas d'Ange, elle dit qu'elle croit savoir qu'un nouveau resto a ouvert, il y a une quinzaine, mais elle n'est pas sûre qu'il s'agisse de celui d'Ange. Si elle a du neuf, elle me le dira, explique Hymane en saisissant un escargot aux raisins.

— Bon, on va pas non plus stresser pour ça pendant mon séjour ici, hein… C'est pas capital, conclut Fanny en croquant dans un croissant.

Hymane a pris place sur le banc contre le mur. S'il n'y avait pas eu de siège, elle se serait trouvée au pied du mur. Et donc à devoir rapidement se décider de quelle manière elle allait prendre son petit déjeuner sans en renverser partout. Fanny occupe la chaise en face d'elle et, tout en prenant sa tasse de café, laisse errer son regard par la fenêtre. Un oiseau vient se poser sur l'appui. Un oiseau rouge. Une perruche rouge, pour être précis. La vue de l'animal interloque la jeune femme : cela lui évoque quelque chose… Dans son enfance, elle avait entendu raconter des histoires à propos de ces volatiles, en rapport avec son arrière grand-père, si elle a bonne mémoire ; mais encore, plus récemment, il semble bien que l'oncle Démis lui ait parlé de perruche rouge, au téléphone…

Fanny n'a pas fini de rassembler ses souvenirs, que déjà l'animal prend son envol et disparaît aussi subitement qu'il était apparu. Suivons-le. Si, si, n'ayez pas peur de tomber : n'oubliez pas qu'en principe vous êtes assis pour lire. L'oiseau virevolte, puis va se poser sur le rebord d'une fenêtre, au rez-de-chaussée. Regardons par les carreaux, sans l'effrayer. Et voici l'explication que je supputais : Camille et sa famille finissent un petit déjeuner qu'ils sont, eux aussi, venu prendre ici. Dire que ces membres – certes éloignés – d'une même famille ne sont séparés que d'un plafond ! Ou d'un parquet, selon le point de vue considéré ! Peu importe, ils ne se connaissent pas. Mais tout de même ! Le monde est petit et les destins étranges, non ?

Ils discutent tranquillement tandis que Minh met fin à l'existence d'un énorme muffin à la fraise qu'il a partagé avec sa mère. Exceptionnellement, Trinh a opté pour un repas matinal à la française, délaissant l'habituel bol de nouilles, façon asiatique de commencer la journée que Camille et le fiston adoptent également certaines fois. Le printemps semblant enfin annoncer l'été, ils évoquent le projet de réaliser la terrasse sur laquelle ils pourront, pendant la bonne saison, inviter leurs proches et amis à savourer en plein air quelque préparation grillée. On recouvrira le sol de pavés évitant que l'eau des pluies ne stagne, et l'on agrémentera le pourtour d'une bordure fleurie qui laissera place, sur une longueur, à quelques pieds de plantes aromatiques qu'en deux pas, depuis la cuisine, on pourra vernir cueillir. Un large parasol jettera l'ombre nécessaire à ce que les bustes ne concurrencent pas les mets disposés sur le gril.

Alors qu'ils s'apprêtent à porter leur plateau sur le chariot, les deux jeunes femmes du dessus apparaissent sur les marches de bois, et les croisent en sortant. À peine montées dans la voiture, Hymane demande à Fanny :

— Tu as vu le couple avec le petit ?

— Je n'ai pas bien fait attention... Mais je crois qu'ils sont asiatiques.

— Oui, la femme, en tous cas... Mais, le garçon, tu as vu ses yeux, comme ils sont bleus ! C'est rare pour un asiatique, non ?

— C'est exact. Peut-être y a-t-il du métissage dans la famille... Mais... Où sont-ils ? s'exclame soudain Fanny.

— Partis ! Pourquoi ?

— Zut ! Je l'aurai bien demandé si...

— Quoi ?

— Il n'est pas impossible qu'ils soient de ma famille !

— Hein ?! s'étonne Hymane du raccourci que Fanny suggère entre elle-même et ces inconnus. Comment, précisément eux... ?

— Un couple eurasien avec un petit métisse aux yeux bleus, dans la région... S'il s'agit de qui je pense... d'après mon oncle Démis, et si le jeune homme a une sœur jumelle, alors mon grand-père et son arrière-grand-père étaient frères !

— Ah bon ? Rien que ça ! Et vous ne vous étiez jamais rencontrés auparavant ?

— Non. Mes grands parents étaient venus s'installer en Haute-Marne tandis que l'autre branche vivait aux Etats-Unis. La mère des jumeaux (donc de ce gars) a connu un Français, voilà pourquoi elle est venu vivre en Alsace, juste avant leur naissance. Seul, mon oncle a eu l'occasion de les rencontrer, alors qu'il vivait encore ici, avant de partir s'établir au Vietnam, explique Fanny.

— Ah oui, dans ce cas, c'est bête de les avoir loupés…

— Je chercherai dans l'annuaire ; si on a le temps, on pourra toujours leur rendre une petite visite vite fait, non ?

— Bien sûr ! En attendant, on se le fait, ce musée Electropolis ?

— Allons-y ! commande Fanny en lançant l'index vers l'avant.

Cinq minutes.

— On arrive !

— Déjà ?

Eh oui ! Le monde est petit, comme vous le savez. On s'en rend particulièrement compte lorsqu'on va d'un lieu à un autre situé à proximité. Comme nous y sommes, laissons les jeunes femmes à leur visite, sans les suivre, cet ouvrage n'ayant pas vocation à servir de guide touristique. Mais, que faire en attendant ? Quelqu'un a-t-il une idée ? Cerumen FM ? Vous avez déjà eu droit à une émission, dans ce récit. Vous ne l'avez pas vu passer ? Alors c'est que vous avez opté pour sauter le passage en question lorsque je vous en avais laissé le choix. Dans ce cas, retournez au chapitre III.

Je vais cependant en profiter pour vous raconter une petite anecdote à ce sujet : savez-vous qu'au départ, la station devait s'appeler « NRV » (la Nouvelle Radio des Vieux) par opposition à « NRJ » (la Nouvelle Radio des Jeunes) ? Mais les fondateurs de la station on changé d'avis, craignant que cela ne fausse l'idée de la couleur d'antenne qui ne s'adresse pas particulièrement à un public âgé… même si les jeunes ont plus tendance à se tourner vers la bande FM qui leur est, soi-disant, dédiée, celle où des animateurs adultes prépubères essayent d'amuser une partie des ados en prenant les autres pour des niais ; celle qui passe des titres musicaux dont les chanteuses, tout droit sorties d'un club de fitness, se tortillent en chantant, les unes comme les autres, avec un même timbre standardisé, des textes tous à peu près pareils (dans l'ordre ou le désordre), sur des orchestrations sans caractère, ponctuées par les récitations rapeuses de mâles agitant leurs doigts devant le visage ; vas-y.

Cette affaire d'une possible erreur de ciblage est donc l'explication officielle. Elle n'est pas fausse, certes, mais il s'avère également qu'en dernière minute, après avoir vérifié l'originalité du nom, l'on se soit rendu compte que celui-ci était déjà porté par une radio du web. Les medias devenant multimédias, il a donc été préféré « Cerumen FM » à la dénomination initialement optée pour éviter la confusion. Et si, par la suite, d'indélicats énergumènes s'avisaient à créer un media en le baptisant du même nom, eh bien, tant pis !

Voilà… Une autre suggestion ?

Un sketch de Sénèque + Ultra ?

Déjà fait.

Une fable ? Ah, oui ! En voilà une bonne idée ! Je vais donc vous en livrer une, dans la foulée. Vous pouvez bien entendu passer directement au chapitre suivant mais, attention, n'allez pas dire plus tard que vous ne l'avez pas vue, la fable ! Je vous préviens !

Le paon

Un élégant paon, beau, jeune, fort enroué,
En bonne voie pour séduire sa dulcinée,
Veut lui faire le coup de la paonne trop tôt.
Celle-ci, aguerrie, voit venir le paonneau.
Or, ne voulant y tomber, elle dit au jeunot :
« Hé, mon paon, ta longue queue te vante et m'attire
Et ton pantalon de bleu, sans mentir, éclate,
Mais je crains que rapidement tu ne te tires

Sitôt que je t'ai donné ce que tu convoites ».
Dépité de n'avoir pu la belle emballer,
L'oiseau fier à la parure en balai
S'en va, la plume basse et la huppe dressée.

On ne peut séduire toutes les filles
Qu'avec une belle carrosserie.

XII

« Encore un malin, adepte du tout-drive et qui grimpe sur un vélo d'appartement pour faire de l'exercice ! »
(D.Ion)

— On m'avait prévenue… mais je suis quand même tombée dans le panneau…

— Bah, tous les mecs ne sont pas pareils ; tu trouveras bien un gars chouette.

— Difficile.

— C'est toi qui le deviens. Faut te bouger, sortir !

— Bof ! Les boites, c'est pas mon truc ; et avec la musique qu'ils y passent…

— Y a pas que les boites, tu peux aller au ciné, te balader, t'asseoir aux terrasses des cafés ; dans le coin, t'es servie, non ?

— Ouais, faut que j'me bouge, t'as raison ! Surtout maintenant ! dit Hymane en riant, les mains sur le ventre.

— Pareil pour moi ! Ta choucroute est vraiment bonne ! Par contre, c'est bourratif ! Le resto de ce soir, je sais pas trop, remarque Fanny en roulant les yeux.

— On ira manger du léger, genre asiatique, si tu veux… Je vais appeler Pia, elle m'a dit qu'elle est allée manger chinois, il y a deux semaines, dans un nouveau resto…

— Peut-être celui dont a parlé ta sœur ?

– Ah oui ! C'est tout à fait possible ! s'exclame Hymane en composant le numéro de Pia. Après quelques secondes : Allo ? Salut, c'est Hymane. Tu vas bien ? Dis voir, tu sais, le nouveau resto où t'es allée manger avec Frank… C'est bien ce qu'il me semblait. On compte y aller ce soir avec Fanny qui est là, tu sais, je t'en avais parlé… Et toi ? Tu sors avec Frank ? Ah bon ? Mais alors, joins-toi à nous ! propose Hymane à son interlocutrice, recueillant au passage l'approbation de Fanny. Mais non, pas de souci ! Ouais… Ecoute, le mieux c'est qu'on passe te prendre chez toi ; d'accord ? Super ! Alors on se dit vers 8 heures ; ok ? Ciao, à ce soir !

– Trop cool qu'elle vienne, ça me permettra de la connaître ! s'enthousiasme Fanny.

– En attendant, allons digérer au zoo. On se garde le musée de l'auto pour demain ; ça te va ?

– Impec ! Allons-y ! déclare Fanny en lançant l'index vers l'avant, comme elle en a l'habitude.

Voilà les deux copines en route pour le zoo.

L'envie me démange de vous faire un topo élogieux sur l'endroit, mais je la réfrène, car une visite virtuelle ne saurait procurer le plaisir, la satisfaction et l'oxygène comme le ferait une vraie promenade ensoleillée dans cet écrin de verdure, où l'on préfère la qualité à la quantité, en offrant aux nombreux représentants du règne animal le meilleur espace possible au milieu de la variété des espèces végétales dont les grands arbres – centenaires pour certains – ombrageant les allées, dominent pelouses et massifs de fleurs jusqu'aux buissons qui offrent, en saison, leurs fruits à la dégustation. Pour résumer, le zoo de Mulhouse n'est ni une HLM à bestioles ni un luna park, mais un jardin. Pourvu que ça dure !

C'est sur ce constat qu'Hymane et Fanny terminent leur après-midi de balade digestive qui a fini par libérer leur estomac au point d'y remettre un petit creux encourageant, en début de soirée, tandis qu'elles se préparent dans la salle de bain.

Au moment de partir, Fanny se souvient du présent de Démis pour Ange qu'elle a rangé dans ses bagages et se précipite pour aller le récupérer. Elle n'est pas sûre de trouver le destinataire au restaurant où les trois copines vont dîner, mais une intuition lui commande d'emporter l'objet dont l'encombrement restreint ne les gênera pas. Elle le laissera dans la voiture, quitte à aller le chercher, le cas échéant.

Pour un dimanche soir, le Wokizza connaît le succès puisque la salle est déjà au trois-quarts pleine à l'arrivée du trio. Aviva les accueille et les installe. Avant qu'elle ne parte transmettre la commande des boissons, Fanny lui demande :

– S'il vous plait, le patron du restaurant s'appellerait-il Ange, par hasard ?

– Oui. C'est mon frère.

– Il tenait un café auparavant ?

– C'est ça ; pourquoi ?

– Pouvez-vous lui dire que j'ai un cadeau pour lui, de la part de Démis ?

– Il est en cuisine, je vais le lui faire savoir ; pas de problème.

– Merci.

– Je n'étais pas sûre ; tu as bien fait de demander, dit Pia. Il me semblait bien que Frank avait cité le nom d'Ange ; c'était bien ça, finalement.

Dix minutes plus tard, un grand jeune homme mince s'approche de la table.

– Bonsoir, mesdames… Ah, vous, je vous ai déjà vue ici…

– Avec Frank, oui, lors de l'inauguration.

– Ça fait plaisir de vous revoir, ça veut dire que ça vous a plu ! dit-il en serrant les 3 mains, une par personne, évidemment ; il n'a pas affaire à Vishnou. Je m'appelle Ange ; on m'a dit que l'une d'entre vous avait quelque chose pour moi, de la part de Démis…

– C'est moi. Je m'appelle Fanny. Fanny Ion. Je suis la nièce de Démis, qui vit au Vietnam. Je ne sais pas grand-chose, mais il m'a appris que vous vous étiez rencontrés là-bas et m'a envoyé, entre autres, un présent à vous remettre ; il m'a aussi dit que vous étiez au courant… C'est dans la voiture, je vais le chercher, indique Fanny en se levant et en saisissant les clés que lui tend Hymane.

Après un court instant, elle revient à la table et transmet le paquet à Ange. Celui-ci la remercie et explique :

– Ma compagne Mylène et moi-même sommes allés faire un voyage au Vietnam, il y a quatre ans. Par hasard nous y avons rencontré votre oncle qui nous a gentiment et avec bonheur tuyauté pour rendre notre séjour plus intéressant et agréable. Il y a deux ans, il est venu faire une visite dans le coin, cherchant dans le même temps à revoir Marie et Camille qui sont des parents… Il n'a pu rencontrer que Camille et sa petite famille, Marie et son compagnon étant à ce moment-là en voyage. En venant au café, il m'a demandé l'autorisation de « gribouiller » – comme il dit – quelque chose sur une table… le texte d'une énigme. Il m'a dit que celui qui résoudrait l'énigme serait accueilli à ses frais chez lui. Il n'a rien ajouté et m'a demandé de « laisser les choses se faire »… Je crois que le cadeau que vous m'avez remis est en rapport avec ça, dit Ange en le déballant.

Après avoir retiré le papier coloré, Ange dévoile une bouteille. Plutôt un flacon assez large, au trois-quarts pleins, contenant un liquide jaune – de l'alcool de riz artisanal – et un serpent, ingrédient traditionnel de ce que l'on appelle également « vin de serpent », dont le corps longiligne a été placé de manière à former un 8. Une discrète étiquette avec quelques mots manuscrits a été collée sur une face. On peut y lire : « Chez Oncle Hô, le 8 du Tigre est le 9 ».

– Je pense que cela intéressera quelqu'un que je connais, dit Ange ; je vais la poser en évidence sur l'étagère, là-bas, près du wok. Je vous remercie, Fanny. J'enverrai un SMS à Démis pour le remercier également.

– Vous semblez connaître Camille et Marie, ce sont des parents ; j'aurais aimé les rencontrer…

– Marie est en voyage avec son compagnon...

– Ils voyagent souvent !...

– Ça les passionne ; de plus, Axel travaille dans une agence de voyages... Mais si vous voulez voir Camille, lui, il est là-bas, dit Ange en indiquant une table à proximité où un jeune homme et un petit asiatique sont assis. Il est avec son fils tandis que sa femme nous donne un coup de main en cuisine.

– Oh, Hymane !

– Quoi ?

– Regarde là-bas, c'est bien le gars qu'on a vu au moulin, avec le petit aux yeux bleus… C'est Camille !

Fanny se lève et va se présenter. Tous deux ont une conversation animée ponctuée d'exclamations de surprise. Avertie par Ange, Trinh les rejoint. Mais ne nous attardons pas sur leur conversation qui s'abrège, rendez-vous de visite chez Camille sous forme de déjeuner familial étant pris pour le lendemain. En revanche, la rencontre avec Marie ne pourra évidemment pas avoir lieu puisque, comme vient de le dire Ange, cette dernière est partie avec Axel. Et où ça ? Eh bien à Paris.

En effet, ayant pu quitter le travail tôt, samedi dans l'après-midi, ils ont emprunté l'autoroute (que l'on peut aussi prendre, pour le même prix) sur l'essentiel du trajet, ce qui leur a permis d'arriver à l'hôtel, en couronne parisienne, dès le début de la nuit.

Ce n'est pas la première fois qu'ils se rendent dans la capitale et n'envisagent donc pas de refaire la tournée complète des monuments et lieux si célèbres dans le monde qu'on ne les plaisante presque plus, tant tout un chacun y est déjà allé de son couplet. Pourtant, je ne résiste pas à l'envie d'en mettre une couche supplémentaire, au goût du jour comme la peinture sur la Tour Eiffel, cette vieille dame de fer (française, celle-ci) sous laquelle on vient faire la queue pour y grimper et l'admirer des quatre fers en l'air ; puis on traverse la rue pour longer la Seine, avec ses plages de sable fin sans boulettes de pétrole, jusqu'à la Bibliothèque de François Mitterrand occupant deux immenses bâtiments alors que la mienne ne prend qu'une étagère. On ne rate pas non plus l'Arc de Triomphe avec son Soldat Inconnu, plus connu que les soldats connus, l'Obélisque avec ses astérisques ; on pense à passer devant le Palais de l'Elysée aussi appelé le Grand Théâtre de Guignol et l'on se mélange à la foule devant Notre Dame, encore plus vieille que l'autre, où, s'il y a bien un loup avec les vendeurs de souvenirs, on ne trouve guère la trace de Garou, d'Hélène Ségara ou d'autres Hellènes s'égarant.

Marie et Axel veulent séjourner dans le 13ème – le « Chinatown » – pour une plongée d'initiation en environnement asiatique. Ça ne vaut pas Saïgon, mais c'est plus près et, quand il fait chaud, que l'on se sent pâle parmi la foule qui déambule, que les narines s'éveillent aux parfums de fruits exotiques et de canards laqués suspendus en vitrine, lorsque des vendeurs ambulants pour ne pas dire à la sauvette – ce qui, à Paris, frise le pléonasme – vous proposent un portrait personnalisé ou des CDs de musique traditionnelle sur fond de vives discussions polytonales jaillissant des commerces et restaurants typiques, on s'y croirait presque. Il ne manque notamment que le bruit des mobylettes, une population 3 fois plus dense et la lourdeur de l'atmosphère.

Si l'on n'a pas Choisy en perspective, l'avenue d'Ivry offre maints lieux de sustentation ; c'est cependant dans le petit restaurant « Heng Lay », conseillé par Camille et Trinh, à proximité d'un grand supermarché asiatique, que le couple va déjeuner d'un bol de phở, une spécialité vietnamienne (communément appelée soupe de nouilles par les occidentaux) qui est au sachet Yum Yum ce qu'un cassoulet de Castelnaudary est à une boite de Buitoni. Il profitera également de la journée pour faire quelques emplettes et rapporter des produits que l'on trouve plus difficilement en province. Mais un plongeon dans les entrailles de la ville, dans ce gruyère parisien à l'odeur caractéristique, sera inévitable pour se rendre au musée Grévin et au Palais de la Découverte qu'Axel et Marie souhaitent visiter demain ; le lundi de Pentecôte étant férié en Alsace et en Allemagne, ils pourront ainsi prolonger leur séjour et profiter du début de journée pour faire un peu de tourisme, flâner à St Michel, acheter une petite Tour Eiffel pour leur neveu Minh, et accrocher un cadenas d'amour au Pont des Arts afin de participer au repeuplement des ses parapets grillagés avant, peut-être un jour, de participer à celui de la France.

Les Parisiens, en général, arborent une silhouette plus fine que les Alsaciens. Ce phénomène tient sans doute moins à une différence de densité dans la présence de centres d'amincissement ou de fitness qu'aux régimes alimentaire et moteur des franciliens qui avalent moins de charcuterie et plus de kilomètres à pied dans leurs déplacements quotidiens. Néanmoins, ils fréquentent autant les cabinets de médecine car ils mangent plus souvent sur le pouce ou en restauration rapide. Telle est en tous cas, ce dimanche soir, la conclusion à laquelle arrivent – en même temps qu'à leur hôtel – Axel et Marie, fourbus, pressés de passer sous la douche et de se jeter dans les bras de Morphée puisque la chambre peut accueillir jusqu'à trois personnes, même d'origine mythologique.

Pour le retour, préférence est donnée aux routes nationales et départementales, quitte à rallonger la durée du voyage d'une heure ; le trajet en sera moins monotone avec ses lacets, lignes droites et toboggans qui, de plateaux en monts, traversent les paysages de champs où poussent le colza, la vache et le mouton, laissant apercevoir au loin le clocher d'une église ou les cheminées d'une centrale nucléaire, fendant les forêts qui offrent, enfin, le coin discret pour soulager sa vessie. Car l'arbre au garçon suffit, mais seul un bosquet convient à la fille... Bon, allez, quelques buissons font l'affaire aussi.

La route visite des villes et villages pittoresques ayant chacun leur caractère, invitant à marquer une pause à la terrasse d'un café chaleureux avant d'aller se ravitailler dans un commerce local où l'ambiance bon enfant contraste avec l'atmosphère standardisée des aires d'autoroutes. Plus tard, lorsque l'estomac réclame, quoi de plus agréable qu'un arrêt au bord d'une rivière pour casser la graine ? Ici, par exemple, auprès de la Mouche qui évoquera sans doute quelque chose aux fidèles de « Cerumen Fm ». Marie et Axel se garent au bas de la montée condamnée, et s'assoient sur l'herbe pour un dîner sur le pouce (occasionnellement, ça passe). Fanny, de retour de son court séjour de l'autre côté des Vosges, sort s'occuper de son jardinet. Une voix lui fait relever la tête.

    – Bonjour !

    – Bonjour ! répond-elle au souriant jeune homme.

    – Nous avons fait la route depuis des heures et, comme nous sommes jeunes et chauds, nous avons cherché en vain un coin sympa pour nos galipettes. Or le coin a l'air chouette... N'auriez-vous pas une chambrette à nous prêter pour qu'en quelques minutes, l'affaire soit faite ?

– Bien entendu, mes lapins ! Attendez un instant.

Fanny rentre chez elle puis réapparaît à la fenêtre.

– Merci beaucoup! Je reviens tout de suite, dit Axel en s'éloignant avec l'ouvre-boîte.

Car, assurément, c'est cet objet qu'il est allé demander. Et pas autre chose. Avouez que vous y avez cru un instant ! Eh oui, prenez garde, j'ai tendance à plaisanter ! Il n'empêche que, de nos jours encore, on trouve dans le commerce des conserves à ouverture difficile, par opposition à celle dites « à ouverture facile », comportant l'anneau que l'on manoeuvre en avant pour percer le couvercle et que l'on tire ensuite pour ouvrir (ce qui réclame un certain doigté si l'on ne veut pas faire gicler la sauce sur ses vêtements). En faisant leurs emplettes, Axel et Marie n'avaient pas prêté attention à ce détail. L'ustensile qu'a fourni Fanny est le modèle relativement élaboré avec son papillon rotatif toujours plus pratique que l'outil disponible sur couteau suisse. À ce propos, si la Suisse vous intéresse, je vous conseille le sketch « Histoire Suisse » de Sénèque + Ultra où figurent plusieurs références à la culture de ce pays sauf, ô lacune, à l'objet que je viens d'évoquer, et dont « Mc Gyvré » s'est fait largement le chantre. D'opérette. Mais fort sympathique au demeurant, comme dirait Loth.

Sitôt la boîte ouverte, et gérant la situation, Axel rapporte l'instrument de ce succès à sa propriétaire qui, après avoir vu la plaque d'immatriculation de la voiture, s'enquiert :

– Vous venez d'Alsace ?

– Oui et non... En fait, on y va, on rentre chez nous.

– Ah ? Moi, j'en reviens ; j'étais chez une amie. Ça circule bien... Vous serez vite à la maison ! Bonne route !

– Merci ! Et pour l'ouvre-boîte aussi ! dit Axel en saluant l'Hûmoise d'un geste de la main.

Après leur bref repas sur l'herbe, voilà le couple reparti en direction de Langres. Une demi-heure plus tard, ils traversent Fayl-Billot, capitale de la vannerie (pas forcément de la vanne), puis prennent la route de Vesoul que, depuis les années 50, les mordus de Brel, l'éloquent, connaissent aussi bien que les amateurs de brelles locaux.

Axel consulte la jauge de carburant ; le niveau indiqué correspond à ses prévisions.

— On a assez de gasoil pour arriver à la maison, confirme-t-il à Marie; tu vois, on a consommé moins qu'à l'aller, par l'autoroute. En plus, elle est même pas gourmande cette voiture !

— Tant mieux! Au prix où est l'essence actuellement ; ça augmente tout le temps... comme tout, d'ailleurs....

— Voilà pourquoi il faut travailler plus pour gagner plus ! ironise Axel.

— Pour payer le prix de l'énergie qui grimpe sans cesse ! Et rien n'est fait contre ça. Camille m'a d'ailleurs dit que les aides pour le solaire diminuent aussi, lui qui comptait installer des panneaux sur le toit... Tu parles d'un « Grenelle de l'Environnement » ! s'énerve Marie.

— Il nous a bien eu, Nicolas ! C'était le chant des sirènes ; maintenant les passagers sont sous l'eau et seul l'équipage s'en tire...

— Moi, je dis toujours qu'il pratique la politique de la baudruche : c'est gonflé, tape à l'oeil et ça fait du bruit quand c'est lâché, mais dedans, c'est que du vent.

Eh oui, voici venu le quart d'heure de mécontentement qui apparaît généralement lorsqu'un bon moment touche à sa fin ! En l'occurrence ici, il s'agit de la petite excursion du jeune couple.

— Fais gaffe, y a un radar ! prévient Marie.

— J'ai vu. Y en a un paquet sur cette route...

— On traverse pas mal de villages, alors...

– Là, ça se comprend… mais souvent c'est que des « pacpafs ». Ils te font des 4 voies en ligne droite, un panneau de limitation à 90, un radar et hop, par ici la monnaie !

– C'est quoi des « pacpafs » ?

– Piège-à-con-pompe-à-fric.

– Tiens, dans le genre : depuis que je bosse en Allemagne, j'ai découvert un coin où ils se mettent souvent avec le radar mobile : c'est à l'approche de l'aéroport, là où la route est en descente ; j'ai vu ça, la semaine dernière, quand je suis partie plus tôt : ils chopent tous les gens qui se dépêchent pour aller travailler (plus)… Surtout le matin entre 6 et 7 ; t'as tous les frontaliers en file indienne direction Suisse et Allemagne… Ils doivent en faire des affaires !

Bon. Je crois que nous allons en rester là, avec ces deux grincheux, car leur évocation de notre quotidien n'invite pas à la détente, cette atmosphère que l'on recherche généralement dans la lecture ; n'est-ce pas ?

Ces complaintes me rappellent d'ailleurs quelqu'un que vous aurez certainement reconnu : Démis Ion, l'oncle de Fanny, parti vivre au Vietnam.

XIII

— Ah ! Chào anh Démis !
— Chào Khoa.
— Khỏe không ?
— Khỏe...
— Ngồi xuống, uống trà.

Les deux hommes prennent place autour d'une table basse. Khoa retourne deux tasses sur leur soucoupe et y verse du thé au jasmin.

Dehors, la pluie se met soudain à tomber à grands seaux ; l'air se rafraîchit sensiblement à moins de 25 degrés ; nous sommes en pleine saison de la mousson. Des vendeurs affables d'imperméables jetables surgissent aussi subitement que l'orage pour proposer aux cyclomotoristes imprudents une protection, toutefois minimaliste car, si la conduite à allure modérée permet de limiter les dégâts en passant dans les immenses flaques qui se forment rapidement, le camion arrivant en sens inverse assurera au minimum le trempage des jambes. Mais, peu importe, d'ici quelques minutes, les gouttes cesseront de tomber, la température remontera et l'on séchera vite dans ce foehn qui naît de la conduite en deux roues dans l'air chaud ambiant.

Les murs bleus de la pièce, ouverte sur ses trois mètres de façade, viennent d'être repeints, et les néons – auprès desquels les petits lézards d'un beige presque translucide avaient l'habitude, le soir, de se mettre à l'affût des moucherons – ont été remplacés par des lampes à économie d'énergie. Des passants s'agglutinent sous le store extérieur pour s'abriter de la pluie, sollicités par des vendeurs ambulants de cacahuètes fraîches ou de livres qui n'hésitent pas à entrer dans l'agence de Khoa pour proposer leurs marchandises aux clients. Mais le personnel les chasse rapidement s'ils insistent devant un refus.

Démis est un habitué de Rượu Rắn Open Tour, l'un de ces cafés reconvertis en autocaristes, que Khoa a repris il y a trois ans. Il fait habituellement le trajet Saigon – Mui Né sur la ligne desservie par les services de cet ami qu'il a connu en 2004, lors de son séjour de préparation au déménagement. Il logeait alors à l'hôtel, et venait prendre son bol de « phở » quotidien dans le petit restaurant que tenait Khoa, à cette époque. Un matin, Démis était venu accompagné de Đan Trương, chanteur en vogue chez les jeunes, qu'il avait rencontré à Paris, sur le tournage de clips. L'artiste lui avait permis de nouer des contacts à Saigon, lui permettant de concrétiser son rêve d'installation dans le pays de ses ancêtres. Démis a pu ainsi trouver du travail – entre autres dans le cadre des relations à l'international avec les sociétés de productions artistiques vietnamiennes.

La nouvelle de la venue – à plusieurs reprises – du chanteur s'était alors vite répandue, contribuant à accroître la fréquentation de l'établissement, ce qui avait valu à Démis la reconnaissance du patron.

Voilà la raison pour laquelle Démis voyage gratuitement sur les lignes de Rượu Rắn Open Tour depuis que Khoa dirige l'affaire. Les trajets se font en cars à couchettes qui sillonnent généralement la moitié de la longueur du pays, soit environ 1000 km, en deux à trois jours, soulevant la poussière, cahotant dans les ornières et rabotant les pignons dans la montée des cols, pour enfin s'arrêter dans les villes étapes où les voyageurs qui le souhaitent peuvent séjourner avant de reprendre la route ultérieurement. C'est là le principe de l'open tour. Démis, quant à lui, effectue surtout des allers-retours entre la commune de Mui Né – où il a choisi de vivre au calme, à deux pas de la plage – et Saigon où il se rend essentiellement pour raisons professionnelles, comme c'est le cas aujourd'hui.

À son arrivée, hier soir, Khoa ne se trouvait pas à l'agence. Démis est donc content de pouvoir le rencontrer avant de reprendre le chemin du retour.

Je vous livre la suite du dialogue en français puisque, vraisemblablement, la majorité d'entre vous ne comprend pas le vietnamien. Et, pour être honnête, moi-même je ne maîtrise pas la langue de Trịnh Công Sơn au point de pouvoir vous retranscrire cette discussion d'une façon linguistiquement correcte.

   – Elle est chouette l'enseigne !

   – N'est-ce pas ! Ils l'ont installée hier, dit Khoa en refaisant le plein des petites tasses.

   – Il était temps, parce que les touristes avaient du mal à trouver, avec l'ancien nom.

   – Oui, je sais… Mais beaucoup de clients connaissent encore le café sous le nom « Go ! Open Tour ». J'ai aussi demandé le changement de nom à la compagnie de téléphone, mais je crois que ça va prendre quelques semaines…

Les deux hommes avalent une gorgée de thé.

   – En fait, Je voulais te reparler de mon énigme...

   – Quelle énigme?

– Tu sais, le texte que j'ai écrit sur une table, en France, rappelle Démis en orientant le ventilateur dans sa direction.

– Ah ! C'est vrai ; Je me souviens... Il y a quelqu'un qui a trouvé ? demande Khoa en lui tendant une canette de « Ba-ba-ba» (notre « 33 Export » ayant été gratifiée localement d'un « 3 » supplémentaire).

– Je suis allé au studio, cet après-midi, explique ce dernier en versant la bière dans son verre rempli de glaçons ; il y avait un e-mail pour moi, envoyé par le gars qui est au courant en France. Il me dit que quelqu'un a presque résolu toute l'énigme. Il faut t'attendre à voir débarquer un Français, dans un mois et demi...

– Mais c'est un peu tard pour trouver une place dans un avion, tu ne crois pas ?

– Ah, ben ça fait partie du jeu, Khoa ! dit Démis en levant la main en signe d'évidence pour la rabattre immédiatement ensuite sur un moustique affamé. Et imprudent.

Evidemment, à la lumière de cette scène, on ne peut pas conclure que Démis soit un râleur, comme je l'ai évoqué auparavant. Il faut cependant avouer que, depuis qu'il vit sous les tropiques, il a bien changé. Est-ce dû au climat ? Au rythme de vie ? À la nourriture locale ? Aux autochtones de l'autre sexe ? Aux autos jaunes à taximètre ? Au taux de change entre l'euro et le dong ? Est-ce un mélange de tout cela ? Saura-t-on un jour ce qu'il en naît ?

Laissons donc Démis à sa vie extrême-orientale et profitons du privilège dont nous jouissons de pouvoir parcourir – en quelques mots et en sens inverse – les 9000 km qui séparent ces lieux tropicaux des latitudes plus habituelles pour nous, à savoir : celles du pays d'Axel.

Ouh, mais dites ! C'est qu'il fait bien chaud ici aussi ! Par contre, l'hygrométrie est dans la cave : il n'est plus tombé une goutte depuis une bonne quinzaine ! Un temps à piscine et à grillades...

Tiens, justement, il y a de l'animation chez Trinh et Camille. On fête un anniversaire. Que dis-je ! Ce sont trois anniversaires que l'on fête : Axel vient d'avoir 30 ans tandis que Marie et son frère entreront dans leur troisième décennie, le mois prochain ; ils ont alors envisagé de marquer l'événement ensemble, en ce dimanche de mi-juillet, chez Camille, dont la maison offre suffisamment d'espace pour accueillir tous les convives qui peuvent également profiter du jardin ; par ailleurs il est possible de manger sur la terrasse, si le temps le permet ; ce qui est le cas.

Voilà pourquoi l'on trouve aujourd'hui Axel affairé à préparer le barbecue sur lequel, dès que le feu vif sera apaisé, un gigot d'agneau que Trinh a fait mariner plusieurs heures avec des herbes de Provence et d'autres ingrédients dont elle a le secret, commencera à rôtir lentement. À mi-cuisson, avant de le retourner, on déposera des rattes en papillotes dans les braises. Lorsque la peau aura pris son aspect doré et croustillant, la viande sera cuite à coeur, juste ce qu'il faut pour préserver toute sa saveur et son jus ; on l'emportera alors pour la découpe en n'oubliant pas de déposer quelques tranches de pain sur le gril – ni de retirer les pommes de terre à point dans leur papier aluminium, si l'on ne veut pas qu'elles finissent carbonisées.

Mais, pour le moment, Axel s'occupe de mettre le feu. Au charbon de bois. Trinh, tenant Minh par la main, se promène dans le jardin en compagnie de sa belle-mère, Minnie, venue des Etats-Unis pour l'occasion, et d'Anne dont la petite Marthe pousse des cris sur la balançoire à chaque impulsion que donne Théo, son père. Rose, la mère d'Axel, qui les accompagne, est admirative devant le potager où, entre tomates, concombres et courgettes, Trinh réussit à faire pousser des légumes du Vietnam lorsque la douceur printanière est précoce ou que la météo estivale se prolonge jusqu'en automne.

À chaque coin du terrain, Camille a planté de jeunes arbres fruitiers ; mais ces fuseaux et quenouilles qui abritent de petites fileuses n'ont donné, cette année, que des fleurs. En revanche, fraisiers et framboisiers sont généreux, ce qui tente les amateurs d'en picorer à même le plant ; quoique certains soient plus enclins à picoler du Gros Plant. Raisonnablement toutefois, en apéritif, avec un peu de crème de cassis. Parmi ceux-ci : Paul, le père d'Axel, agitant un grand éventail pour attiser le feu, ainsi que Jade et Mylène parlant coiffure avec leur tante Sally venue passer une semaine en France, sans l'oncle Mark, retenu à Londres pour raisons professionnelles.

Oui, les Eyre sont une famille d'origine anglaise. Parmi ses membres, seul Paul a choisi de résider en France après avoir épousé Rose en 1976, une Française rencontrée à l'occasion d'un séjour linguistique. Le « just married » couple s'est initialement installé en Bretagne où, un an après, Jade a vu le jour, bien que née de nuit. Au cinquième anniversaire de cette dernière, le trio a décidé de déménager en Alsace, pays des cigognes qui avaient déposé Rose et sa sœur (tante Marine, la boulangère) dans la famille Yère. À peine installé, voilà trente ans, le couple a donné naissance à Axel puis, deux ans plus tard, Mylène est venue compléter la fratrie.

Tout cela n'a pas grande importance dans cette histoire, mais il est toujours préférable de connaître un peu les gens que l'on fréquente, non ?

— Alors, le business va bien, ces temps-ci ? demande Sally qui parle français comme Jane Birkin.

— Ça se calme, maintenant ; c'est la période des vacances, répond Jade.

— Mais y a toujours autant de loufs ! complète Mylène.

— What ?

— Des clients qui veulent des trucs bizarres... Hier, y a un mec qui m'a demandé de lui en faire une comme sa copine...

— Tu veux dire... ?

— Une coupe ! précise Mylène.

— Ah, oui !...Couettes ? Nattes ?

— Ticket de métro. Mais sur la tête, bien sûr.

— Au moins c'était vite fait : un coup de tondeuse de chaque côté et hop ! explique Jade en riant.

— Par contre, chez oncle Pierre, c'est pas toujours évident...

— Ah oui, le beau-frère de votre maman ! Je suis passée à la boulangerie ce matin ; j'adore ses boules ! raconte Sally.

— Excellentes ! Mais faut pas en abuser sinon t'as vite fait d'enfler ! fait remarquer Mylène.

— Eh bien, avec lui, j'ai des fois du mal ! Qu'est-ce qu'il a comme épis ! soupire Jade, revenant au sujet initial.

— Encore une bière, Papa ?

— Non, merci ! J'ai déjà dû me jeter au moins une bouteille à l'« amer » !

— Pour vous, un autre kir ? continue Axel, une bouteille de vin blanc à la main.

— Non, merci répondent les deux soeurs en choeur.

— Moi non plus, Axel, j'ai déjà la tête qui tourne, dit Sally en couvrant son verre de la main.

— Oh ! À propos, reprend Jade : l'autre matin, un gars est venu, il voulait une couleur, du violet !

— Vous lui avez fait ?

— Des mèches seulement… Il était éméché...

— On a réussi à le convaincre d'essayer d'abord comme ça...

— Y a vraiment des gens bizarres... Et dans ces métiers en contact avec les gens c'est pas facile... Vous êtes courageuses, reconnaît Sally.

– Bah ! Y a pire… On va pas trop se plaindre… dit Jade. Des fois, on fait même de drôles de rencontres. Tiens : le mois dernier un couple est venu, on aurait dit « Chouchou et Loulou », tu sais, Camille, tu regardais ça à la télé, non ?

– Oui, « Un gars, une fille »… Mais je ne regarde plus depuis longtemps. Je suis plus devant « L'Ami des jardins » que devant « Lamy-Dujardin » explique Camille en apportant le gigot qui va passer sur le gril.

– Ça a l'air appétissant ! s'exclame Sally.

– C'est Trinh qui l'a préparé.

– C'est une recette vietnamienne ? demande Mylène.

– Je ne crois pas qu'il y ait de gigot d'agneau à la saïgonnaise répond Camille en souriant, mais Trinh prépare souvent des plats en faisant mariner la viande ; alors elle a appliqué ça à la grillade de gigot… et c'est excellent… Enfin, à notre goût !

– Je ne doute pas que ça doit être bon ! dit Mylène, les yeux pétillants de gourmandise tandis qu'elle mange un rouleau de printemps servi en apéritif. À propos, Jade et moi on est allées manger au « Wokizza » ; depuis le temps qu'Axel nous en parle. On a hésité entre pizza et asiatique… Finalement, on a goûté les deux. Hé ben, c'est génial ! C'est Trinh qui fait les préparations, non ?

– Non, Trinh a juste travaillé là-bas pour l'ouverture et les deux semaines qui ont suivi, en dépannage. Actuellement, elle fait de temps en temps des extras, c'est tout. Par contre, Anne Lê – la maman de la petite sur la balançoire – travaille là-bas. Sauf cette semaine où elle est en congés.

– Ah !... Camille ?

– Oui, Mylène ?

– Ces fleurs, là, c'est des pensées ?

– Non, des violettes odorantes.

– Si grandes !?

– C'est un cultivar.

– C'est quoi ce nom barbare ?

– Ça veut dire que c'est pas des sauvages.

– En plus elles sentent bon ! commente Jade en posant son nez dessus.

– Ben tiens, je vais aussi en acheter et les planter dans ma jardinière, sur le balcon ! reprend Mylène. Jusqu'à présent, je mettais des pensées ; mais mon voisin a toujours l'air d'être en train de les mater, explique-t-elle et j'aime pas qu'on lise dans mes pensées.

– Je ne suis pas sûre que ce soit dans tes pensées qu'il cherche à lire… ! commente Jade en riant.

Tandis qu'Axel sort de la maison, un cycliste déguisé en pro s'arrête dans la rue et le hèle.

– Ohé ! Axel !

– Tiens, Ryan ! Salut ! qu'est-ce que tu fais dans le quartier ?

– J'étrenne mon nouveau vélo !

– Comme un pro, dis donc !

– Le prix est pro également... Mais bon, quand on aime...

– Tu viens boire l'apéro ?

– Non merci ! répond Ryan en riant, sinon je ne vais plus rouler droit... Et en plus, j'ai un rencard ! Je sors avec Hymane, une amie de Pia... Célibataire ! précise-t-il.

– Plus pour longtemps, j'ai l'impression ! lui lance malicieusement Axel.

– J'espère bien ! répond Ryan sur un même ton en enfourchant son vélocipède ultramoderne.

En deux trois coups de pédales il est déjà à vingt mètres, se retournant pour saluer Axel d'une main, avant de se casser la figure.

Axel accourt, bientôt suivi de Marie et de Camille qui ont également vu la scène.

– Ça va ? Rien de cassé ? s'inquiète Axel.

– Si : la roue avant, répond Ryan ; moi, ça va.

– Mais le genou est bien écorché, il vaudrait mieux le désinfecter, intervient Marie.

– Venez donc à la maison, propose Camille.

– Axel fait les présentations :

– Marie, ma compagne et son frère Camille ; Ryan, un collègue de boulot.

Salutations.

Ils accompagnent le cycliste endommagé jusqu'à la maison afin de lui permettre de soigner ses blessures. Axel propose ensuite de le ramener chez lui.

La banquette rabattue et le vélo dans le coffre, les collègues de chez Tourjoux prennent la route.

– Comment tu as fait pour tomber ? lui demande ce dernier en démarrant.

– Un clou sur la route !

– À défaut de boire, tu t'es pris un tord boyaux !

– Tu l'as dit ! Ryan accepte la plaisanterie car, après tout, cela aurait pu être pire ; au moins, la sortie avec Hymane n'est pas compromise.

– Heureusement, c'est juste un petit accident ; tu t'en tires avec une écorchure !

– Ouais, autrement la soirée resto était foutue.

– Aha! Vous allez au resto ?

– Au « Wokizza ».

– Je connais ! On y mange très bien. La patronne est une amie de Marie. Elle y va de temps en temps boire un café et papoter entre les heures d'ouverture. Moi je n'y suis retourné qu'une seule fois depuis l'inauguration...

– Ben, alors, tu as dû voir Pia...

– Où ?

– À l'inauguration du « Wokizza ».

– Non... Elle y a été ?

– Ben oui ! Même que c'était sa première sortie avec son gars... Frank. C'est lui qui lui a fait connaître l'endroit...

– J'l'ai pas vue ! Faut dire qu'il y avait du monde ce jour là...

– Ensuite, c'est Pia qui a fait connaître le resto à Hymane qui, elle, m'a proposé d'y aller ce soir, raconte Ryan en mimant l'enchaînement des événements par une suite de sauts de l'index.

– Ça y est, j'y suis ! Hymane... Je savais bien que j'avais déjà entendu ce nom... Camille, que tu as vu tout à l'heure, avait parlé de la visite d'une lointaine cousine, rencontrée par hasard la veille au « Wokizza » et qui habite du côté de Langres. Elle était venue en compagnie d'une certaine Hymane, une amie qui l'a accueillie durant son séjour ici... Peut-être *ton* Hymane !

– Possible !... Vas-y, tourne à droite et gare-toi ; j'habite dans cet immeuble, indique Ryan.

Une fois arrivés, ils extraient le cycle du coffre et s'apprêtent à entrer dans le bâtiment. Le moment involontairement choisi par la sus évoquée jeune femme pour débarquer plus tôt que prévu. Elle les surprend :

– Bonjour !

– Oh ! Répond Ryan d'une petite voix. Puis, se reprenant : tu es déjà là ?

– Non, je suis un hologramme venu en éclaireur ; Hymane arrive dans 5 minutes, répond cette dernière ; puis, voyant l'état des jambes de Ryan (évidemment, quels yeux pourraient résister à la descente lorsqu'ils visualisent un costume de cycliste suggérant de facto le moulant cuissard ?) :

– Mais qu'est-ce qui t'est arrivé ?

– Un tord boyaux, comme dirait Axel, lâche le blessé en présentant la roue avant accrochée au bout de l'index.

– Tu devrais savoir que boire ou conduire... Oh, excuse-moi ! rectifie Hymane en se mordant la lèvre, se sentant coupable d'avoir plaisanté à mauvais escient. Tu dois avoir mal, non ?

– Oh, c'est supportable. Ce qui m'ennuie le plus, c'est que tu me voies dans cet état... Au fait, je te présente Axel, un collègue de travail.

– Alors, vous connaissez aussi Pia ? demande Hymane, par principe meublant, en lui serrant la main.

– Oui ; une collègue vraiment sympa, répond Axel, par principe de politesse. Car tout cela n'est que dialogue de convenances.

– On va monter... propose Ryan.

– Moi, je vous laisse, dit Axel en ouvrant la portière de sa voiture ; je retourne à mon barbecue !

– Oui, bien sûr ! Merci beaucoup pour le dépannage ! Salutations.

XIV

« J'ai déjà du me jeter au moins une bouteille à l'amer ! »
(P. Eyre)

— Salut les filles !

— Salut Axel ! répondent en choeur Rap et Sepia. Pardon, Serap et Pia.

Axel passe à l'arrière des locaux pour rejoindre le bureau qu'il partage avec Ryan.

— Salut ! Ça va mieux tes blessures ?

— Mais oui... C'était deux fois rien.

— Tu es venu tôt, aujourd'hui ! s'étonne Axel en serrant la main de son collègue.

— C'est à cause d'Hymane... Elle doit se lever de bonne heure pour aller bosser...

— Et elle t'a fait tomber du lit en t'appelant avant de partir ?

— Elle ne m'a pas téléphoné... répond Ryan en prenant un faux air coupable.

— Ooooooooh, me dis pas que...! commence Axel en haussant les sourcils avec un sourire malicieux lui donnant cet air complice que l'on connaît au petit curieux.

– Si ! répond Ryan en haussant les sourcils avec un sourire malicieux lui donnant cet air complice que l'on connaît au petit coquin.

– Chez toi ? insiste Axel sans changer d'expression.

– Chez elle... persévère Ryan sans changer d'expression. Tu avais raison, elle n'est plus restée célibataire longtemps... Et moi non plus, d'ailleurs !

– Alors, ça t'est passé définitivement, ce béguin pour Serap ?

– Depuis un moment, quand même ! Le jour où elle m'a dit qu'elle allait se fiancer à son Scandinave, ça m'a refroidi.

– C'est pas un Scandinave, c'est un Turc...

– Sauf qu'il s'appelle Oskan Dinav ; alors je lui ai donné ce surnom.

– Ah, je décèle un brin de jalousie ou d'amertume, là !

– Mais non ; en fait, ce que j'ai pas trop digéré, c'est qu'elle se soit laissée draguer au lieu de me prévenir tout de suite que ça ne pouvait pas aboutir entre nous. Tu m'avais d'ailleurs prévenu que je me casserais les dents...

– Exact ! Mais toi, tu étais sûr de ton coup ! Tu m'as même dit : « Je dois arrêter de me battre ? Contrôle mon dentier ! » en exhibant tes canines !

– Tu avais encore raison...

– J'ai toujours raison ! plaisante Axel.

– Hé ben, non... Pas toujours ! dit Ryan sur un ton un tantinet revanchard et l'air énigmatique... Y a un turc, pardon, un truc pour lequel je suis sûr que tu as eu tort...

– Ah bon ? rétorque Axel faussement étonné.

– La porte s'ouvre, interrompant la conversation.

– Bonjour messieurs ! lance Armand Joux en entrant. Vous êtes matinal, aujourd'hui, Ryan...

– Bonjour Armand. Oh, juste une demi-heure plus tôt !

– Aha ! Grâce à votre nouveau vélo ?

– Peut-être, répond Ryan, ne souhaitant pas rentrer dans les détails, mais aussi grâce à mes mollets !

– Vous avez raison : un cycliste sans mollets c'est comme une danseuse sans jambes ou un vin sans cuisse, ça n'atteint pas des sommets !

– À propos de vin, Armand, intervient Axel, vous qui vous y connaissez… Une de mes connaissances dispose de quelques dizaines d'ares de terrain au pied des Vosges et songe y planter un peu de vigne, pour le plaisir, en espérant pouvoir en tirer un peu de vin ; pensez-vous que ce soit faisable ?

– Le plus efficace est de tirer le vin du tonneau chez le vigneron car, pour en faire, c'est tout un art, un métier ! Et il y a la législation… Tout est faisable, évidemment, mais vous savez : ce n'est pas en donnant de la biquette à un agneau que l'on fait du Mouton-Rotschild ! termine le patron qui n'y connaît finalement pas grand-chose. Puis, avant de refermer la porte : Ah, Axel ! Veuillez noter que, mardi en quinze, on se voit pour faire le point sur votre déplacement au Vietnam.

– Ok, c'est noté !

– Toujours le même avec ses formules, celui-là ! commente Ryan. On en était où, déjà ?

– Tu disais que j'avais eu tort...

– Ah oui... Ton tort c'est de ne pas avoir ouvert les yeux, la dernière fois que t'as été au « Wokizza »...

– Pourquoi ? Je n'y vais pas pour dévorer des yeux !

– Tu devrais ! Car il y a une bouteille qui peut t'intéresser... Avec un serpent dedans...

– Ah ?... Oui, je sais ; je ne l'avais pas remarquée, mais Marie m'en a parlé et m'a dit que ça vient du Vietnam, d'un parent qui l'a offert à Ange... C'est de l'alcool de serpent. Mais c'est pas pour moi, ce genre d'infusion.

– Hé ben, c'est dommage !

– Explique donc ! s'impatiente Axel.

– Tu m'as encore récemment parlé d'une énigme que tu cherches à résoudre, si j'ai bonne mémoire...

– Exact ! Et ?

– Je crois que cette bouteille a quelque chose à voir là - dedans !... En tous cas, c'est bien *mon* Hymane qui a dîné avec Pia et Fanny – la lointaine cousine de Marie – et qui a entendu ladite Fanny parler d'énigme avec le patron (à propos de la bouteille)... termine Ryan en écartant les mains pour appuyer ses certitudes. Si l'on y réfléchit deux secondes, on se dit que c'est là l'une des rares façons d'appuyer en écartant. Ce qui ne change rien à l'étonnement d'Axel:

– Ben, alors ça !...

Çà et là…

– Là, la bouteille ! s'exclame Axel (toujours lui) en indiquant l'objet remis par Ange.

– Pourquoi je t'en n'ai pas parlé ? Mais elle était déjà là quand tu es venu la dernière fois, au même endroit, bien en évidence ! rétorque le patron du « Wokizza ».

– Ben, je l'avais pas vue... Pourtant, Marie vient de temps en temps rendre visite à Mylène ; elle ne lui a pas dit que ça avait un rapport avec l'énigme ! dit Axel, tangentiellement contrarié.

– Elle n'était pas au courant, lâche Ange en regardant sa montre. Puis il reprend : bon, on a le temps ; je crois qu'il vaut mieux que je te fasse une petite chronologie des choses ; tu comprendras...

Après avoir cherché deux espressi, il prend place en face d'Axel et commence son récit :

Il y a 2 ans, un matin, j'ai vu débarquer Démis au café que je tenais à l'époque ; il faisait un saut en France et avait voulu en profiter pour visiter des membres de sa famille – dont Marie et Camille – mais il n'a pas pu les rencontrer. Il a trouvé chouette la déco du café qui lui rappelait sa jeunesse ; on a parlé du Vietnam, de sa vie là-bas... Un moment il a semblé absent puis il m'a demandé s'il pouvait écrire quelque chose sur la table – une énigme – mais qu'il ne faudrait dévoiler à personne le nom de l'auteur... Je ne savais pas trop pourquoi tout ce mystère, mais je lui ai dit : « Pas de problème, de toutes façons y en a plein qui mettent leur prose sans me demander mon avis » et ensuite j'ai dû partir. C'est à ce moment-là qu'il a écrit son truc. Les choses en sont restées là jusqu'à l'arrivée de la bouteille. Deux jours après, j'ai reçu un mail de Démis (j'avais donné une carte du resto à sa nièce) qui me demandait si quelqu'un s'était intéressé à l'énigme. Je lui ai dit que j'avais ouï dire que tu t'y intéressais et que Marie et toi aviez prévu de passer quatre semaines au Vietnam, cet été. Il m'a semblé ravi et m'a demandé si je pouvais discrètement essayer de savoir où tu en étais dans la résolution de l'énigme.

J'en ai appris un peu plus via les papotages entre Mylène et Marie. Dans son dernier mail, tout récemment, il m'a demandé de te faire voir la bouteille avec le serpent, fin juillet, si tu n'as pas avancé, mais que, quoi qu'il arrive, il faudrait jouer le jeu jusqu'au bout... Donc, inutile de chercher à le contacter pour avoir la solution, termine Ange devant Axel qui, après être resté un instant coi, lâche :

– Dire que c'est grâce aux collègues de boulot que je suis arrivé jusqu'ici !

Ici et là…

– Là. Tiens, dit Axel (re-toujours lui) en sortant la bouteille du sachet pour la tendre à Jean.

– Ça se boit, ça ?

– Tu peux essayer ; en ce qui me concerne ça ne me tente pas...

Jean considère l'objet sous toutes ses coutures, ce qui est vraiment une connerie car la bouteille n'est pas cousue.

– Mouais... Que dire d'autre ? Tu as trouvé l'essentiel, constate-t-il. Comme dit : tu as rendez-vous à Hô Chi Minh Ville, la première semaine de septembre ; de là, tu te rendras du côté de Nha Trang où Démis t'accueillera !

– Mais, mon bon Jean, rien n'est moins sûr que le point de départ soit à Saigon, car « chez oncle Hô », ça peut être n'importe où, au Vietnam ; ensuite « du côté de... », c'est pas très précis... Et enfin, je vais m'y rendre comment ? En taxi ? En cyclo ? En car ? En cargo ?...

– Voyons : dans l'énigme, il est dit que le « huitième vide s'ouvrira à son tour pour t'emmener... », alors de quoi tu t'inquiètes ? répond Jean se voulant rassurant.

– Oh, mais !... Regarde...

– Quoi ?

– Sur l'étiquette principale... il y a une mention : « ... Rượu Rắn Open Tour Saigon-Huê ... » ; or « open tour », en anglais, ça veut dire « tour ouvert » ! Ce doit être un tour en car...! suggère Axel ; j'ai vu, sur Internet, que des cafés opèrent des relations par car entre les grandes villes.

– Peut-être un tour... en car à moitié vide, complète Jean, car ce n'est plus la pleine saison, non ?...

– Héron, héron petit patapon ! Et un car à moitié vide... c'est un huitième vide !

– Bingo !

– Gringo !

– Twingo !

– Ça c'est de la pub, Jean !

– Si peu ! C'est comme si je m'exclame « caddie ! », ça va pas augmenter la fréquentation des supermarchés...

– Axel regarde Jean avec un sourire jusqu'aux oreilles. S'il avait le même derrière, sa tête tomberait (malheureux raccourci vers la mort comme l'a dit Gaëtan Du Parterre en assistant à l'exécution de Louis XVI). Il arrive d'ailleurs parfois que, sous le coup de l'émotion, des gens perdent la tête. Mais Axel, lui, l'a bien sur les épaules. Et les pieds sur terre… à l'inverse du contorsionniste (qui a la tête par terre et les pieds sur les épaules).

— Je crois qu'on y est ! s'enthousiasme-t-il, espiègle.

— Reste plus qu'à savoir si c'est au départ de Saigon ou de Huê, remarque Jean.

— Alors, cette fois, je rejoins ta première idée : entre les deux c'est plutôt Hô Chi Minh Ville qui correspond à « chez oncle Hô ». En plus, à ce que j'ai pu entendre dire, il me semble que Démis n'habite pas Saigon. Mais je m'en assurerai auprès de Camille.

— Dis donc, tu t'en sors pas mal sur ce coup-là : en cumulant tes vacances avec un déplacement professionnel et la résolution de l'énigme, tu limites sérieusement les frais ! commente Jean.

— Et pas que ça ! Démis pourra certainement aussi me tuyauter efficacement pour le montage d'un circuit dans le cadre de mon vélo, fait remarquer Axel.

— Quel vélo ?

— Lapsus. Je voulais dire « boulot ».

— Et Marie ?

— Je pense qu'elle sera ravie, au sujet de l'énigme, mais elle est déjà bien contente qu'on puisse passer trois semaines ensemble !

— Elle peut prendre des vacances ? Elle vient pourtant de commencer son nouveau job en mai, non ?

— En Allemagne, tu as droit à tes congés dès l'embauche. La boîte où elle bosse ferme en août, mais elle a pu s'arranger pour travailler la première semaine et préparer la rentrée ; son patron est d'accord pour qu'elle reprenne alors son poste la deuxième semaine de septembre...

— J'espère que vous m'enverrez une carte postale !

— Une carte postale ?

— C'est une photo ou une illustration imprimée sur un papier fort, au recto pelliculé pour lui conférer une belle brillance, tandis que les trois lignes et demi au verso servent pour l'adresse de correspondance qu'il faut écrire évidemment in extenso. Jadis, avant l'ère du smartphone et du net, le vacancier, arrivé à destination, après avoir reposé sa tête et ses gambettes, sacrifiait à cette ancestrale tradition : envoyer des cartes postales à ses amis, aux collègues de boulot et à la famille. Dès le premier jour, il fallait éliminer ce qui était une indispensable corvée et, surtout, ne pas oublier tante Emerence, sinon au retour, gare aux vieilles remontrances. Pour elle, il avait choisi un vieux monument, pour les amis, une sélection de paysages, pour le bureau, ces nymphettes nues sur la plage, assorties d'une légende dont la lourdeur se mesurait à leur bronzage et leurs rondeurs. Il écrivait ensuite quelques mots au dos, plus ou moins inspiré, en buvant l'apéro à l'Opéra (le bistrot) ou sous sa tente, à Sion, voire sous une tentatrice, quoique ce fusse un difficile exercice. Il se rendait dans l'après-midi à la poste afin d'y acheter de beaux timbres pour collectionneur, les léchait et les collait dans la bonne humeur en suivant à la radio la course de Prost, celle du Tour ou le tirage du loto.

— Le loto ?

— C'est un jeu qui consiste...

— .... Oui, oui, oui, je connais... Et les cartes postales, aussi. Tout de même... coupe Axel.

— Alors pourquoi tu m'as laissé parler ?

— Je trouvais ça plaisant, de t'écouter... Mais tu as raison : maintenant, tout est affaire de clics... même l'amour !

— Même l'amour... répète Jean.

Il lève les yeux, comme un poète cherchant à lire dans le ciel. Mais il n'y a que le plafond où, hormis la peinture et une araignée, il n'y a rien. Il se met soudain à déclamer :

Je me souviens d'un temps où on ne cliquait pas,
où la souris te chavirait le coeur au bal
et où seul, les araignées tissaient la toile.
Je me souviens d'un temps où on ne cliquait pas,

où c'était les ports qui comptaient le plus de bittes,
où seul, l'archéologue fouillait dans son site.
Je me souviens d'un temps où on ne cliquait pas,
où, à cause d'un problème de batterie,
on ne perdait pas tout à coup tous ses amis.
Je me souviens d'un temps où on ne cliquait pas,
où l'on se rencontrait chez soi ou au café
où l'on se voyait, s'écoutait et se touchait.
Je me souviens d'un temps où on ne cliquait pas,
où les dièses augmentaient la note en musique,
et les étoiles vivaient au ciel ou au cirque.
Je me souviens d'un temps où on ne cliquait pas,
où les cartes et les mots que l'on recevaient
sentaient l'iode, un parfum ou l'encre et le papier.
Je me souviens d'un temps où on ne cliquait pas,
où l'on ne clic clic clic clic clic clic cliquait pas.
c'était simplement un autre temps, n'est-ce pas?

— Hou là là ! C'est le spleen du célibataire devant son écran noir, ça ! T'as une panne de réseau ?

— Voilà ! Tu as trouvé ! s'exclame Jean qui semble revenir d'un songe.

— Comment ?

— J'ai écrit ce texte il y a quelques temps, et je cherchais un titre. Or, tu viens de me le suggérer : « Panne de réseau ».

— Ah ! Tu me rassures ! J'ai eu chaud ; j'ai cru que t'allais finir par t'envoler !

XV

« La Tour de Babel ? Un séminaire de traducteurs...»
(Jean)

Il vient de se poser. Dehors, les ondulations de l'air trahissent une forte chaleur. Depuis plus d'une demi-journée, ils ont baigné dans une atmosphère climatisée ; mais Camille avait prévenu : « en sortant ce sera la claque ».

L'A320 de la compagnie « Blue Flyer » – qui n'a rien à voir avec un megacoaster – a atterri avec moult grondements et secousses sans gravité, semblables à celles que l'on ressent en roulant à vélo sur un chemin caillouteux. Si les bâtiments sont récents, la piste, elle, n'a pas dû être rénovée depuis... On va dire depuis bien longtemps. Vraisemblablement, depuis que les « bififtitous » américains ont déposé les courageux soldats armés de lance-flammes et de mines anti-personnelles venus marquer ce pays d'Extrême-Orient d'une empreinte durable de la société occidentale, faisant suite aux Français qui, juste avant les affameurs Japonais, ont asservi la région et y ont guerroyé pendant des décennies pour faire honneur à la France, le pays des droits de l'Homme... Sachant que ces droits sont toujours subordonnés à ceux du portefeuille.

Bref, revenons à notre avion.

Il s'est immobilisé sur son aire de stationnement. Sans attendre l'autorisation du bip sonore, les passagers se lèvent pour récupérer dans les coffres leurs bagages à main (voire à deux mains), manquant certaines fois d'assommer le voisin. Les portes de l'appareil s'ouvrent enfin, après plus de quatorze heures de vol, libérant son chargement de voyageurs vers l'aérogare.

Tout le monde se hâte vers le tapis rotatif pour récupérer ses bagages à pied, avec la surprise de découvrir comment une valise neuve à l'embarquement réapparaît dans le même état que celle d'un baroudeur ayant parcouru les 5 continents. Voici ensuite le guichet de la police où le jovial fonctionnaire – interrompu en plein match télévisé pour contrôler les immigrants temporaires – prend un air sérieux et tatillon, surtout lorsqu'il a affaire à un asiatique. Soucieux de suivre la philosophie du Parti, il tente de faire comprendre à son ex-compatriote qu'il convient de répartir plus équitablement les richesses, ce qui induit une petite contribution à ses faibles revenus et, moyennant quoi, les formalités s'en trouveront plus rapidement réglées. Comment l'en blâmer, alors qu'il ne fait que reproduire une pratique ayant cours dans le monde entier à des niveaux et dans des proportions variables.

Dernière étape, la douane. Ne nous étendons pas là-dessus. Même sur les douanières ; souvent elles sont plus sévères que les hommes... Non, madame, sur le douanier non plus, peu importe que vous le trouviez séduisant dans son uniforme ! Passons donc. De toutes façons nous n'avons rien à déclarer.

Mais, au fait, où sont-ils ?

Qui ? Marie et Axel, bien sûr ! Après tout, c'est à cause d'eux que nous avons fait tout ce chemin !... Ah, les voilà ! Ils nous suivent, tirant chacun une valise. Laissons-les passer devant nous.

La porte s'ouvre... Saigon !

– Waouh ! C'est comme l'a dit Camille ! s'exclame Axel, la grosse bouffée de chaleur en pleine poire !

– Comme il fait lourd ! réagit Marie à son tour en agitant sa chemisette pour se ventiler.

Plus loin, un petit groupe se dirige vers eux en levant les bras et en brandissant une pancarte. Une manifestation ? Des revendications ? Non. Sur le morceau de carton que l'une des personnes tient au-dessus de sa tête est inscrit : « At - Xen Ma - Ri ».

– Là ! Ce doit être les Lê ! dit Marie en indiquant le comité d'accueil d'un mouvement du menton, tout en lui adressant un sourire d'acquiescement.

Le couple prend leur direction. Trinh avait informé sa famille de leur venue et cette dernière s'était alors proposée de venir les accueillir à l'aéroport. Du coup, les deux voyageurs se sont également fait messagers en emportant, dans leurs bagages, des présents à transmettre.

Lorsque Marie et Axel arrivent à leur hauteur, une jeune fille se détache du groupe et s'adresse à eux.

– Hello ! Are you Axel and Marie ?

– Yes, répond Axel dans un anglais impeccable.

– I am Lý Anh Long, a cousin of Trinh, and here are her parents, Mr and Mrs Lê. This is my sister, Lý Thanh Hi, dit-t-elle pour faire les présentations. On se salue ensuite par un hochement de tête – et un sourire si l'on n'est pas fâché – en prononçant les termes d'usage dans la langue locale (si on la connaît) ; â défaut, l'international « Hello ! » fait l'affaire. Il n'est pas (encore ?) dans les moeurs, ici, de s'appliquer des chapelets de bisous en dodelinant de la tête comme un pigeon, même si cette pratique présente un charme au regard des adolescents occidentaux qui y voient l'occasion d'un contact physique avec leur alter ego de l'autre sexe, pouvant se révéler émoustillant dans le cas où, en raison d'une brève hésitation des deux protagonistes, ceux-ci en viennent à exécuter un mouvement parallèle, modifiant la destination dudit bisou qui finit sur la bouche de l'autre.

La famille les invite à monter dans le taxi qu'elle a réservé. Monsieur Lê et son neveu débarrassent les voyageurs de leurs valises pour les ranger dans le coffre tandis qu'ils s'installent.

– Trinh m'avait dit que son père connaissait un peu l'anglais basique, mais je ne m'attendais pas à ce qu'il y ait quelqu'un qui assure, comme sa cousine ! C'est trop cool ! fait remarquer Marie.

Par l'intermédiaire d'Anh Long (ladite cousine, si vous n'avez pas compris l'anglais), la famille s'enquiert d'entrée sur la qualité de leur voyage en avion, puis vient rapidement aux nouvelles à propos de Trinh, Camille et du petit Minh qu'ils sont impatients de voir renter au pays, ce qui serait au programme pour l'an prochain et que confirme Axel.

Tandis que les femmes devisent entre elles, M. Lê, assis à l'avant, discute chaleureusement avec le chauffeur (il fait pourtant déjà assez chaud, heureusement que la voiture est climatisée !). Thanh Hi, visiblement moins à l'aise en anglais que sa grande soeur, se contente d'écouter les conversations. Axel regarde au-dehors, captivé par le spectacle qui s'offre à lui : se déversant des ruelles dans les artères, des flots de motocyclettes auxquelles se mêlent encore quelques bicyclettes, se croisent, s'emmêlent et se démêlent aux carrefours ; les automobiles, bien moins nombreuses, tentent de se frayer un passage en roulant au pas, surprenant le non-initié de parvenir à se rendre à destination ; sur une placette, se tient le marché du quartier où s'empilent et s'étalent fruits, légumes, poissons et vêtements légers ; un bout de trottoir se coiffe d'une table pliante et de quelques tabourets afin d'accueillir les clients cherchant un rapide en-cas. Soudain, en l'espace d'une minute, tout le monde se lève, le mobilier est escamoté, la voiture de police passe, on la laisse s'éloigner, le matériel réapparaît et les consommateurs reprennent le cours de leur repas. Un fast-food à la vietnamienne sans doute. En face, au coin de la rue, un homme maigre, torse nu, la peau tannée par le soleil est accroupi, la cigarette aux lèvres, en train de réparer la chambre à air d'un vélo dont la jeune propriétaire – tout de blanc vêtue – met l'attente à profit pour acheter et siroter une boisson fruitée, servie dans un sachet fermé par un élastique autour d'une paille. En hauteur, courant le long des maisons en enfilade dont la façade la plus petite donne sur la rue, des paquets de câbles électriques, tels de grosses guirlandes noires, viennent former régulièrement un écheveau inextricable autour d'une dérivation à laquelle seuls les services techniques de la ville semblent devoir y comprendre quelque chose. En levant la tête un peu plus, on aperçoit les tours qui, visiblement, poussent comme des champignons dans une course à la hauteur et à la gloire de la modernité, contrastant avec les agglomérats de maisonnettes au toit de tôle qui surplombent les abords des canaux, résistant encore un peu au changements, en tant que de besoin, non par conservatisme.

Axel se sent l'âme d'un globe-trotter, mais n'a pas toujours le porte-monnaie conséquent. En choisissant un métier dans le tourisme, il a pensé trouver l'occasion de conjuguer ses désirs de découverte avec sa vie professionnelle, ceci devant lui permettre de voyager à moindre frais, voire à ceux de la princesse. Or l'agence Tourjoux ne dispose pas d'un budget de grosse société, et l'essentiel du catalogue qu'elle commercialise se constitue de circuits gérés par d'autres entreprises touristiques, la part « Tour-Maison » s'étant, au fil du temps, réduite comme une peau de chagrin, alors qu'il y a une vingtaine d'années, à sa création, Tourjoux avait fait de ses circuits pour routards son cheval de bataille. Non sans peine, Ryan et Axel ont réussi à convaincre Armand de redonner un coup de fouet à ces prestations, ^pas seulement en dépoussiérant ce qui existe pour l'adapter aux exigences actuelles des clients, mais aussi en développant de nouvelles destinations.

Jusque là, que ce soit à titre privé ou professionnel, Axel a essentiellement voyagé en Europe et en Amérique du nord, laissant le soin â son collègue de parcourir le bassin méditerranéen et l'Amérique latine. À force de persévérance, de jouer l'air de « je suis entouré de gens d'origine vietnamienne qui peuvent m'épauler » et, surtout, de faire vibrer la corde économique en proposant de passer, d'une certaine manière, ses congés sur son lieu de travail, Axel a pu décrocher son ticket pour le Vietnam.

Voilà pourquoi il se trouve en compagnie de Marie, dans ce taxi jaune qui sort maintenant de la ville, au sud, pour traverser ce qui reste encore une zone campagnarde avant de s'arrêter dans un petit bourg dont la quiétude contraste avec la frénésie régnant en ville.

Deux hommes, assis sur leur cyclomoteur à l'arrêt, semblent avoir attendu leur arrivée. L'anglophone de la famille présente le plus âgé comme étant Ly Khi Dê, son père, tandis que le second se révèle être Van Tay, le frère aîné de Trinh. Ce dernier se saisit des bagages, les cale sur son engin et, par un prodige d'équilibriste dont il a le secret, emporte le tout. M. Ly confie son scooter à M. Lê qui l'enfourche, imité par sa femme, pour suivre Van Tay.

Anh Long explique:

— They store your luggage at the family's house and will come back to pick you up.

Trinh avait prévenu le jeune couple qu'ils seraient accueillis dans la maison familiale pour le repas du soir et, qu'ensuite, on les emmènerait à leur hôtel. Mais une bonne demi-journée de vol en deuxième classe, où l'on se sent plus qu'un peuplier, n'incline pas à ouvrir l'appétit, mais plutôt les draps d'un lit. Cependant, la politesse et le respect commandent d'accepter au moins un bref passage sous le toit des Lê, d'autant plus qu'il y a des cadeaux à distribuer et, qu'après tout, ceux-ci ont eu la gentillesse de prendre Marie et Axel en charge pour leurs premiers pas dans ce pays qui leur est inconnu.

La navette suivante embarque le couple français, les cousins Ly parcourant la distance à pied. En effet, force est de constater que seulement 300 m séparent la rue principale du domicile de leurs hôtes. On a cependant préféré véhiculer les invités à travers la ruelle où aucune voiture ne passerait sauf à rouler sur deux roues comme dans un film. Le conducteur du taxi ne présentant pas les compétences de James Bond, on l'a payé et remercié.

Il y a du monde, chez les Lê : des oncles, tantes et des enfants rieurs qui, timidement, s'approchent pour voir des occidentaux en vrai. Monsieur Lê propose des boissons : coca, bière, thé, café... frappé ?

– Oui, ça je veux bien, répond Marie. « Ça », elle l'a déjà goûté chez Trinh. Et elle adore.

Axel opte pour une « bia Saigon » qui lui est servie, comme de coutume, dans un verre rempli de glaçons.

La fin d'après-midi se poursuit joyeusement avec son cortège de questions sur le pays de la Tour Eiffel et du Cognac, la vie de la famille expatriée... Et se termine par la remise des présents « made in France » – produits de soins et cosmétiques pour les dames, alcools pour les messieurs – que Mme Lê se charge de répartir. Ensuite, visiblement éreintés, Marie et Axel n'ont aucun mal à faire comprendre à leurs hôtes qu'ils préfèrent décliner l'invitation au repas afin de regagner leur hôtel, acceptant en revanche de se joindre à eux pour le déjeuner du lendemain. Ils remercient la famille pour son accueil, Anh Long – qui passe avec un tube de dentifrice – pour ses bons offices en tant que traductrice, et prennent congé, sans délai, des Ly et des Lê.

Pour éviter les va-et-vient, ce sont cette fois trois deux roues qui transportent bagages et propriétaires vers le lieu où ils étaient descendus plus tôt. Un autre taxi vient de se garer, commandé par téléphone.

Axel et Marie remercient et saluent les motards. La voiture démarre.

– Ils sont vraiment gentils, mais je suis vannée ; je n'ai qu'une seule envie : une bonne douche et « au dodo », dit Marie en baillant.

– Moi aussi, approuve Axel. Mais j'ai hâte d'être à demain pour faire un tour dans Saigon !

– Doucement ! modère Marie ; d'après Camille, il faut quelques jours pour s'habituer... Le voyage, le décalage horaire, le climat...

– Pas trop longtemps, j'espère ! Je suis aussi ici pour bosser... Et si, dans quinze jours, on part pour la plage... Je dois d'ailleurs me dépêcher de trouver l'adresse de Ruou Ran Open Tour, si ça existe encore ! Car je n'ai pas réussi à la dénicher sur Internet...

Marie ne fait plus de commentaires ; elle s'est endormie sur l'épaule de son compagnon qui a le nez collé à la vitre.

À 18h30 il fait déjà nuit sous ces latitudes, mais les commerces, encore très actifs, illuminent la ville toujours aussi animée, même si la circulation s'est faite moins dense.

– Stop ! s'exclame soudain Axel en s'adressant au chauffeur. Can you please stop over there ? continue-t-il en indiquant l'endroit.

– On est arrivé ? demande Marie, réveillée par la voix d'Axel.

– Non, j'ai vu quelque chose… Regarde ! dit Axel tout excité en pointant de l'index une enseigne lumineuse.

Elle semble relativement neuve par rapport à celles qu'elle côtoie et se détache dans le décor, ce qui a attiré l'attention du jeune homme. Mais, surtout, elle porte l'inscription « Rượu Rắn Open Tour »!

Sitôt la voiture immobilisée, Axel en sort, suivi de Marie qui, tout en s'éloignant, lance au conducteur « Can you wait here for a few minutes, please ». Il accepte d'un hochement de tête. Il ne risque rien : il a les bagages en otage.

En entrant dans l'agence, Axel attire l'attention de la seule personne qui s'y trouve, avec l'habituel « Hello ! » de circonstance. L'homme, portant une casquette grise dont la couleur importe peu, visiblement absorbé par l'étude des souches d'un carnet, se lève derrière le comptoir et répond du même salut avec un sourire.

Axel se risque :

– Do you know Mr Démis ?

– Démis ? Yes... Are you French ?

– Yes...

– Thu ơi ! Appelle l'homme.

Une voix provenant de l'arrière-boutique lui répond, suivie, un instant après, de la femme à qui elle appartient. En voyant le jeune couple elle le salue à son tour.

– Ngừơi Pháp đầy, reprend l'homme.

– Vous êtes français ? demande-t-elle.

– Oui. Nous cherchons un certain Démis. Vous le connaissez ?

Elle ne répond pas immédiatement et échange quelques mots avec l'homme. Puis elle demande :

– Vous cherchez monsieur Démis pour quoi ?

– Une énigme...

– Ah ! Oui, monsieur Démis est un ami de mon mari, Khoa, explique-t-elle en montrant l'homme. Mais aujourd'hui c'est trop tôt. Il faut venir dans deux semaines ; alors nous vous donnons les tickets pour aller avec le car à Mui Né où il habite et vous accueille.

Un instant muet de stupéfaction, Axel demande :

– Mais il faut peut-être réserver maintenant...

– Pas besoin. Et, en septembre, il y a moins de clients. Le car est moitié plein seulement.

EPILOGUE

Il fait chaud et humide. Les nids de poule, fréquents, font sursauter les quelques passagers parmi lesquels les habitués semblent parvenir à faire une sieste. Axel a pris place en bas, Marie à l'étage. Ils regardent le paysage défiler. Les palmiers et les manguiers alternent avec les cultures de fruits du dragon rouges et les rizières. Ici un buffle tire le soc, portant sur son dos un garçonnet qui lui bat les flancs d'une baguette, là un homme pousse son stock que les affaires fructueuses rend instable sur la charrette, là-bas des femmes font sécher les galettes qu'elles vendront ensuite au grossiste de la ville où elles prendront le chemin de l'export, d'autres encore négocient le produit de la pêche que les bateaux ont débarqué tôt ce matin dans le port. La même impression qu'à leur arrivée à Saigon, deux semaines auparavant, les saisit une nouvelle fois : c'est un autre monde qui les entoure et dans lequel ils vont bientôt s'immerger. Le car qui, durant plusieurs heures, a soulevé la poussière de la route arrive à destination et s'arrête dans un dernier nuage. La porte s'ouvre. Tout le monde descend.

Un homme de type européen s'avance vers eux :
— Bonjour. Vous êtes Axel et Marie, n'est-ce pas ? Je
suis Démis… Bienvenue à Mui Né !

CORBEILLE À PAPIERS

*Quelques notes qui n'ont pas trouvé leur
place dans l'histoire*

Merci à Gordon Ramsay qui s'est opportunément trompé de restaurant.

La période d'écriture indiquée (2) vous aide à replacer le récit dans son contexte d'actualité.

Avez-vous trouvé le mot qui ne veut rien dire ? Non, ce n'est pas un néologisme, c'est vraiment un mot qui n'a aucun sens. Et les alexandrins, vous les avez vus ?

Quand on est en vacances, on ne travaille pas ; c'est particulièrement le cas dans la magistrature : on ne peut pas être juge et parti.

J'aime bien venir à la machine à café, échanger mes idées avec des collègues, ça me vide la tête.

Si quelque chose ne vous plaît pas, faites-le moi savoir. Si ça vous plaît, faites-le moi aussi savoir, y a pas de raison…

Ceci n'est pas une édition japonaise ;
vous êtes en train de regarder la fin.
Merci de retourner le livre pour
commencer la lecture.